国家级一流本科课程配套教材

教育技术学专业主干课程系列教材

学习创新
Learning Innovation

教学技术与媒体

李文昊　闵秋莎　编著

科学出版社

北　京

内 容 简 介

打造高素质专业化教师队伍，是建设教育强国的必然要求，也是建设人才强国的根基所在。在贯彻党的二十大精神的基础上，本书对教学和学习理论、21 世纪学习环境、传统和新兴教学媒体等方面进行了系统阐述。全书共 11 章，分别介绍了教学中的技术与媒体、21 世纪教学与技术的整合、21 世纪的学习环境、21 世纪的学习空间、远程学习、文本材料、视觉材料、音频材料、视频材料、技术演变下的学习创新、新时代的媒体与教学技术等。为了让读者清晰地了解每一章的学习目标和讲解内容，本书在章节起始位置配置了学习目标和章节结构图。针对重点概念，本书设计了知识卡片，并提供了教学活动设计。

本书可作为高等院校教育技术学及相关专业的教材和参考书，也可作为职前或在职教师的自学读物。

图书在版编目（CIP）数据

教学技术与媒体 / 李文昊，闵秋莎编著. -- 北京 ：科学出版社，2025. 1. --（国家级一流本科课程配套教材）（教育技术学专业主干课程系列教材）. -- ISBN 978-7-03-080134-0

Ⅰ. G434

中国国家版本馆 CIP 数据核字第 202413DW49 号

责任编辑：陶　璇 / 责任校对：贾娜娜
责任印制：吴兆东 / 封面设计：有道设计

科 学 出 版 社 出版

北京东黄城根北街 16 号
邮政编码：100717
http://www.sciencep.com

北京华宇信诺印刷有限公司印刷
科学出版社发行　各地新华书店经销

*

2025 年 1 月第 一 版　　开本：720×1000　B5
2025 年 10 月第二次印刷　　印张：14 1/2
字数：290 000

定价：**58.00 元**
（如有印装质量问题，我社负责调换）

"教育技术学专业主干课程系列教材"
编 委 会

"教育技术学专业主干课程系列教材"总序

教育技术学是研究信息技术环境下学与教的理论与实践规律的交叉学科。它以解决教育教学问题、提升学习效果为目标，聚焦于信息技术与教育教学深度融合的理论与方法。教育技术学是连接教学理论、学习理论与教学实践的桥梁，具有多学科交叉的特色及以技术促进教育教学改革创新的学科方向。

20 世纪初期，广播、电视及电影等技术的发展对教育产生了巨大影响，视听教学和个性化教学在不同教育情境中得到了广泛应用，教育技术学在此基础上诞生。20 世纪后半叶，随着微型计算机和互联网技术的发展、应用和普及，教育技术实践呈现爆炸式增长，其潜在价值被进一步认可。进入 21 世纪，人工智能、大数据、移动网络、云计算、学习分析、慕课（MOOC）、混合现实和多模态采集（眼动、脑电、核磁等）等技术的飞速发展，给教育技术学学科注入了新的活力，诞生了很多新的发展方向。

从世界范围看，不少发达国家和国际组织在部署教育发展战略时，都非常重视教育技术应用和专业人才培养。例如，美国教育部从 1996 年起就通过"国家教育技术规划"（National Education Technology Plan，NETP）不断指引着美国教育技术人才的培养方向；新加坡政府多年来高度重视教育技术人力资源储备，将其写进了该国的教育信息化发展规划。联合国教科文组织于 2019 年召开教育信息化能力框架/开放教育资源网络第二次会议，为教育技术发展和人才培养方向提出了新的能力目标。

在不同的发展阶段，尤其是进入 21 世纪以来，我国也高度重视教育技术专业的发展和人才培养工作。《国家中长期教育改革和发展规划纲要（2010—2020 年）》明确提出信息技术对教育发展具有革命性影响，教育部《教育信息化十年发展规划（2011-2020 年）》明确提出信息技术与教育教学全面深度融合，教育部在《教育信息化 2.0 行动计划》中明确指出："以教育信息化支撑引领教育现代化，是新时代我国教育改革发展的战略选择，对于构建教育强国和人力资源强国具有重要意义。"应用人工智能、大数据、互联网等信息技术手段深化我国教育改革发展，进一步提升教育质量和促进教育公平，建设"人人皆学、处处能学、时时可学"的学习型社会，必须培养和汇聚一支面向我国新时代重大战略需求的教育技术专业人才队伍。

社会发展进入新时代，新时代要求对教育技术学专业学习者根据其发展方向提出不同的培养目标：我们希望师范生能够进入重点或示范性学校，在各级教育体系中逐步成长为信息化教学骨干、学术带头人和专家型教育信息化建设者，能开展跨学科的交流和合作，促进信息技术与各学科的深度融合，带动各学科教师信息技术能力的提升；非师范生应该具有现代教育理念，可以在正式和非正式教育领域中担当教学系统（instructional system）规划设计师，在政府、企业和商业领域内作为培训专家、绩效管理专家和技术管理人才，也可以成为教育应用领域的新技术研究开发人员，引领和推动教育信息化实践与创新发展。

就目前来看，和学科快速发展形成鲜明对比的是，教育技术学专业主干课程的配套教材相对比较陈旧，许多经典教材都出版于十多年前，未能反映近十年来教育技术领域所涌现的新理论、新方法、新技术以及丰富的研究成果，也不能体现我国教育信息化发展现状、教育治理需求和人才培养目标的重大变化。同时，由于专业课程体系的调整，部分新增课程缺乏相应教材，也给高校教育技术学专业开展相关专业课程教学带来了诸多不便。因此，根据当前我国教育技术学专业的人才培养需要，开发具有鲜明时代特征、服务国家教育信息化发展的系列教材，具有重要意义。

针对上述专业发展需求，华中师范大学人工智能教育学部依托教育技术学专业组织编写了这套"教育技术学专业主干课程系列教材"。华中师范大学教育技术学专业为国家首批一流本科专业建设点，专业所隶属的教育学一级学科入选国家双一流建设学科，在全国第四轮学科评估中获评 A 档，专业人才培养具有"人工智能+教育"学科交叉、产学研协同共建的鲜明特色。这套教材是我校教育技术学国家一流专业建设的经验总结，教材内容为本专业骨干教师多年教学实践与科学研究的总结、凝练，反映出教学和科研的良性互动，体现了教育技术学专业的建设成果。

考虑到社会发展和人才培养的需要，我们编写的教材具有以下特点：①紧扣前沿，与时俱进。面向 21 世纪信息化教育和信息素养培养的新要求，本书展现了最新的教学研究成果。②目标明确，能力导向。对标教育技术学专业人才培养目标和毕业生能力要求,对课程内容体系进行了重构和优化。③问题引导,案例丰富。改变陈述式的讲解,用真实复杂的问题情境和大量鲜活的教学案例,培养学习者高阶思维和应用理论知识解决教育教学实际问题的能力。④深入浅出,易于理解。提倡采用对话式的通俗语言,避免使用艰涩的学术术语,让学习者通过理解来与学术沟通,这符合现代学习者的认知发展规律。

我们期望,这套教材的编写和出版,能够弥补教育技术学专业的教学建设和人才培养基础不足的缺憾,更希望对教育技术学专业的发展产生积极的影响。当然,由于各种因素制约,一些新的学术成果也不是非常成熟,教材内容也难免存在一定的疏漏和不足。因此,希望教育技术学界的同人不吝赐教,指出教材中存在的问题,反馈教材使用的效果,使该套教材在教学实践中得到不断的修改和完善,借此推进教育技术学学科专业的发展和进步。同时,让我们在推动和促进教育现代化的战略中发挥更加重要的作用。

2021 年 8 月

前　　言

党的二十大报告指出："我们要坚持教育优先发展、科技自立自强、人才引领驱动，加快建设教育强国、科技强国、人才强国，坚持为党育人、为国育才，全面提高人才自主培养质量，着力造就拔尖创新人才，聚天下英才而用之。"[①]教材是教学内容的主要载体，是教学的重要依据、培养人才的重要保障。在优秀教材的编写道路上，我们一直在努力。

信息技术不仅改变了教与学的方式，也对教师提出了新的要求。新时代的优秀教师自身需要具备什么样的专业技能？如何正确地把技术与媒体（media）整合到教学工作中？基于此，编者面向职前教师和在职教师，剖析了21世纪环境下整合技术与媒体的教学活动，从华中师范大学教育技术专业本科生的必修课课程"教学技术与媒体"中吸收国内外最新教学媒体理论，大力开展教学创新，力图培养学习者正确的技术观和媒体观，助力教师提升技术整合能力。经过多年的不断耕耘，"教学技术与媒体"课程教学成果获华中师范大学第五届本科教学创新奖一等奖，通过了第一批校级专业主干课团队运行、评估。本书主要特色如下：①结合学习科学的研究结论对教材的文字风格、图形布局进行了全新设计，借鉴了多媒体学习的会话原则，大量采用对话式语言，让读者透过文字和作者沟通。②从学习者的角度出发，提供了大量的贴近学习者生活的案例，设计了适量的合作与竞争性的学习实践活动，突出了学习者主体地位。③紧扣前沿，结合21世纪的信息素养新要求，展现了最新的教学研究成果，全方位、深层次、宽视野地展现了各类教学媒体。

全书共包括理论篇、环境篇、媒体篇和展望篇四个部分。第一部分为理论篇，探讨学习、教学与技术的关系；第二部分为环境篇，介绍不同视角下的21世纪学习环境、21世纪的学习空间和远程学习；第三部分为媒体篇，主要讲解常规教学媒体的运用，如何使用这些媒体增强学习动力、提升学习效果；第四部分为展望篇，对新兴的社交媒体、Web2.0技术在教育中的应用做了概述，之后对学习环境的虚实融合、课程的跨界融合、学习体验的重构和线上线下融合四个方面进行了展望。全书内容结构完整、逻辑清晰；结合真实案例更利于读者的阅读；每个章

---

① 习近平. 高举中国特色社会主义伟大旗帜 为全面建设社会主义现代化国家而团结奋斗——在中国共产党第二十次全国代表大会上的报告[DB/OL]. https://www.gov.cn/xinwen/2022-10/25/content_5721685.htm[2022-10-25].

节的项目实践，能更好地指导学习者对理论知识的运用。

李文昊作为课程负责人和主讲教师，设计了全书的框架，对所有章节进行了多轮授课；闵秋莎作为课程主讲教师，负责了第二章的设计和教学，并整理了部分文稿。研究生王翠如、任晓瞳、张晓萱、朱希雅、王雯雪、李小雪、梁雪然、许淑雅同学根据课堂语音实录进行了文字整理工作，研究生祝学萍、曹思琦同学进行了图片处理及替换工作。特别感谢武汉第十一中学宋迪老师对书稿进行的认真审查，使得本书突出了立德育人的目标。特别感谢武汉经济技术开发区实验小学黄静老师指出了书稿中存在的一些不足，并提供了宝贵的修改意见。感谢华中师范大学人工智能教育学部学习创新实验室全体成员的付出，本书是集体智慧的结晶。

因编者水平所限，书稿在编写过程中难免会出现一些不足之处，如果您在阅读的过程中发现问题，请及时通过邮箱（whenhowlee@ccnu.edu.cn）与我联系，我们将及时对内容进行修订。本书的相关案例和最新进展情况会及时发布在微信公众号——"学习创新"上，欢迎各位读者关注。

李文昊

桂子山南湖畔

2024 年 12 月

目　　录

第一部分

理　论　篇

第一章　教学中的技术与媒体

学习目标

1）了解技术和媒体的定义；认识学习、教学与技术三者的关联。
2）描述技术和媒体在学习中的作用。
3）树立正确的教学技术观。

本章结构图

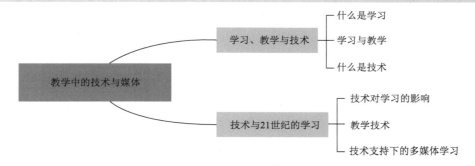

第一节　学习、教学与技术

一、什么是学习

（一）学习的概念

日常生活中我们听过动物学习、人类学习和机器学习等，那什么是学习呢？学习的概念有广义和狭义之分。广义上的学习是指人和动物在生活中获得个体的行为经验以及行为变化的过程。狭义上的学习是指学习者在教师的指导之下，有目的、有计划、有组织、有系统地获得知识和技能的过程。教育领域对学习的理解是指狭义的学习，具体来说，"学习是一种变化""变化是学习的核心"[①]。变化是指学习者的知识发生了变化，这种变化则是由学习者的经验引起的。

（二）三种学习观

刚刚已经介绍过什么是学习，那学习观又是什么呢？学习观主要包括行为主

---

① 理查德·梅耶. 应用学习科学[M]. 盛群力译. 北京：中国轻工业出版社，2016：14.

义学习观、认知主义学习观和建构主义学习观（图1-1）。

1）行为主义学习观。学习者通过体验所处环境中发生的事件获得经验，这些经验导致学习者行为的变化；通过观察反应性学习行为，判断学习者是否发生了学习。

2）认知主义学习观。学习者所处环境中发生的事件可以引起学习者知识的变化，进而导致复杂学习行为的发生，我们通过外在观察这种复杂的学习行为，推断其内在知识是否发生变化。

3）建构主义学习观。学习者在原有知识经验的基础上，与学习者所处环境中发生的事件进行相互印证，主动对信息进行加工处理、建构知识表征，进而引起复杂行为的变化；我们通过观察学习者是否主动建构知识、自主解决问题，推断其内在知识是否发生变化。

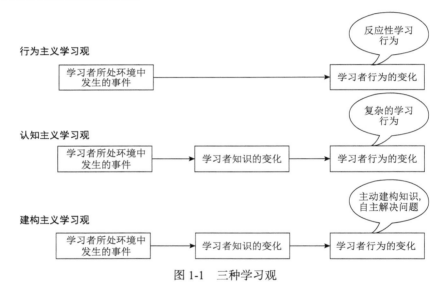

图1-1　三种学习观

（三）解释学习发生的不同视角

1. 行为主义观点

20世纪50年代，哈佛大学心理学家、行为主义支持者斯金纳（Skinner）对可观察到的行为进行了科学研究。斯金纳的鸽子实验表明，当鸽子因进行某种行为而得到奖励时，它们往往会重复这种行为；当鸽子没有收到任何强化物时，鸽子往往会停止特定的行为[①]。基于鸽子实验，斯金纳提出了强化理论。该理论认为，学习是一个被强化的过程，当进行某种行为而得到奖励时，有机体往往会重复这种行为。

---

① 斯金纳. 科学与人类行为[M]. 谭力海，王翠翔，王工斌译. 北京：华夏出版社，1989：88.

行为主义观点证明了强化或奖励期望的反应，可以塑造有机体的行为模式。

当学习发生时，行为主义者拒绝推测内部发生了什么，他们完全依赖于可观察到的行为。因此，行为主义观点更容易解释相对简单的学习任务。由于这种倾向，行为主义在教授高级技能方面的应用时会受到限制。例如，行为主义者不愿意对学习者如何处理信息做出推断。

2. 认知主义观点

在 20 世纪下半叶，认知主义者通过创建学习者如何接收、处理和操作信息的模型，为学习理论做出了新的贡献。认知主义观点以瑞士心理学家皮亚杰（Piaget）的工作为基础，探索了个人在对环境作出反应时所经历的心理过程，即人们如何思考、解决问题和做出决定。行为主义者只是简单地指出实践会增强对刺激的反应，而认知主义者则建立了短期和长期记忆的心理模型。新的信息被存储在短期记忆中，在那里它被排练，直到准备好被存储在长期记忆中。如果没有排练这些信息，它就会从短期记忆中消失。然后，学习者将长期记忆中的信息和技能结合起来，以发展认知策略或处理复杂任务的技能。与行为主义者相比，认知主义者对学习有更广泛的认识，学习者在使用可用的学习资源时较少地依赖老师的指导，而更多地依赖于自己的认知策略。许多人会认为，认知主义观点的教学方法是在要求的基准和元认知（思考自己的学习）之间的一个很好的折中，用于测试学习者的学习效果。

美国著名认知教育心理学家奥苏贝尔（Ausubel）的有意义言语学习理论认为，有意义学习不但要求学习者具备有意义学习的倾向，而且还要向学习者呈现有潜在意义的学习材料。为了在教学过程中实现有意义的学习，教师需要做两件事：一是选择与学习者生活经验相关的知识或以前学过的知识，使新知识与学习者认知结构中已有的概念相关联；二是教师应设计相关的教学活动，充分发挥学习者的自主性，引导学习者主动建立新旧知识的联系。要在新知识与学习者认知结构中已有的概念之间建立实质性的联系，教师需要运用"先行组织者"策略，激发学习者的成就动机。

认知主义学派认为当学习者加工信息时学习就发生了，输入、加工、储存和信息检索是学习的核心过程。教师仍然是信息输入的管理者，但是学习者比在行为主义环境中更加积极地计划和执行自我学习。教学不是学习者学习现成的知识，而是学习者通过其内部大脑活动获取信息。认知主义学习理论与行为主义学习理论最大的不同在于，它开始关注学习者的内部心理过程，而不再将学习视为对外部刺激的适应性反应。

3. 建构主义观点

建构主义是一种超越认知主义思想的运动，建构主义观点认为学习者参与有意义的体验是经验式学习的本质。从被动地接收信息到主动地发现和解决问题，建构主义者强调了学习者创造自己对信息世界的解释。他们认为，教学的目标不是传授信息，而是创造条件，让学习者能够根据自己的理解来解释信息。采用建构主义观点进行教学的关键是为学习者提供收集和构建知识的方法，而不是简单地传递信息。当学习者从事与有意义的情境相关的真实任务（即从"做"中学）时，学习是最有效的。因此，学习的最终衡量标准是学习者在现实生活中运用知识促进思考和解决问题的能力。

建构主义学习理论认为，知识是主观与客观相互作用的结果，是个人在自己原有认知经验的基础上自主建构出来的，具有主观性、相对性、情境性和个性化的特点。因此，建构主义学习理论的观点是"认识总是受到已有知识和经验的影响"[1]，学习是认知者在原有知识经验的基础上，在一定的社会文化环境中，主动对新信息进行加工处理、建构知识表征的过程。这就是说学习者依赖自己原有的经验去建构新的概念，去理解新的事物。这种方法符合 21 世纪学习者的需求，学习者能够自主解决问题，在解决问题的过程中他们不仅利用现有知识，而且还需要寻求额外的信息或技能。建构主义理论也被认为是 21 世纪教育改革的重要指导理论，被誉为"当代教学心理学的一场革命"。

此外，除了上述学习理论解释了学习发生的过程，社会心理学也阐述了自身的观点，读者可自行查阅资料了解。

二、学习与教学

与学习相对应的词语是教学。教学是对学习者的经验进行操控（是由媒体实现的），目的是促进学习者的知识发生变化。

从图 1-2 中可以看出，教育者的行为导致学习者心智（经验和知识）发生变化，最终使得学习者的行为发生改变（学业表现，如成绩提高、变得更有礼貌等）。

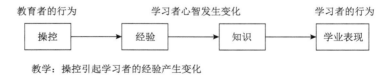

教学：操控引起学习者的经验产生变化

学习：经验引起知识产生变化

评估：知识带来学业表现

图 1-2　教学对学习者的影响

---

① 李方. 教育知识与能力[M]. 北京：高等教育出版社，2011：11.

从三种学习观可知，学习包括三种隐喻——增强反应、获得知识和知识建构，如表 1-1 所示。

表 1-1　学习的三种隐喻

名称	概念	学习者的角色	教师的角色	流行时间
增强反应	增强或削弱联系	奖惩的被动接受者	奖惩的分配者	20 世纪早期
获得知识	增加记忆信息量	信息的被动接受者	信息的分配者	20 世纪中期
知识建构	建构知识表征	意义的主动建构者	认知的指导者	20 世纪后期

增强反应可以用来形容基本技能的学习。比如抄一百遍的行为就是建立刺激与反应的连接，与行为主义观不谋而合。

获得知识可以用来形容基本事实的学习。假设人是一个容器，知识是可接受的，只需要将知识填充其中，人就可以获得知识。

知识建构可以用来形容对知识和概念的深刻理解。例如每个学习者对"婚姻"这个抽象概念的理解是不同的，个体随着年龄的增加，对这个概念的认识也不断改变。

三、什么是技术

在生活中我们会接触到多种技术产品，例如计算机、小型光盘（CD）播放器和航天飞机。那什么是技术呢？约翰·肯尼思·加尔布雷思（John Kenneth Galbraith）将技术定义为："在实践活动中，系统地运用科学或其他有组织的知识的过程。"[1]即技术是一个实践应用，它指向过程。当我们提到教学系统时，教学系统由一组相互关联的部分组成，在一定的框架下，各部分可靠和有效地协同工作，安排必要的学习活动，以达成学习目标（learning objective）。常见的例子有协作学习、模拟学习和程序化教学等。大家熟知的 AECT'94 定义[2]，即"教学技术是关于学习资源和学习过程的设计、开发、利用、管理和评价的理论和实践"，就是把教学技术当作一个过程来看待的。

本节主要对学习、教学与技术的概念进行了介绍。接下来将继续介绍技术、21 世纪的学习和 21 世纪的教学三者之间的关系。

---

[1] 约翰·肯尼思·加尔布雷思. 新工业国[M]. 稽飞译. 上海：上海人民出版社，2012：7.
[2] 罗永祥. AECT'94 定义对中国教育技术发展的影响——以相关论文为研究对象的内容分析[J]. 中国电化教育，2004，（5）：14-18.

第二节　技术与 21 世纪的学习

一、技术对学习的影响

习近平总书记在党的二十大报告中对加快建设教育强国作出了一系列重要部署，强调"推进教育数字化，建设全民终身学习的学习型社会、学习型大国"[①]，并在报告里将教育、科技、人才进行"三位一体"统筹安排、一体部署。进入 21 世纪，信息快速发展，现有的知识和技能不足以面对未来的挑战，培养学习者的"21 世纪技能"尤为重要。21 世纪技能指的是有意义、有目的地使用技术和媒体进行创新、沟通、研究和解决问题。如何利用技术帮助学习者获得 21 世纪技能是当前教师教学面临的主要挑战之一。

让我们来做一道选择题：技术对学习是利大于弊还是弊大于利？相信一千个人眼中有一千个哈姆雷特。技术是一把双刃剑，对学习有利也有弊，发挥其作用的关键在于人。我们可以通过提高自身的信息素养，使技术发挥更大的作用，让它利大于弊。技术只有被正确使用，才会对学习者的学习发挥积极作用。不管技术的使用是利大于弊还是弊大于利，最终讨论的都是学习是不是真的发生了。如果说，借了一本书却摆着不看，那么学习就没有发生，这本书对你来说也没有意义，因为它成了一个摆设。

信息时代下，随着技术和媒体的涌现，教师和教科书不再是信息的唯一来源。学习者可以随时随地通过各类数字媒体浏览海量的在线资源，获得他们所需的信息；学习者也可以在与代表全球文化和经验的专家以及其他学习者的实时对话中讨论他们的发现。这些都给学习者提供了无限的教育机会，但也给教师带来了新的挑战。那么，我们将如何超越教科书？当有这么多选择时，我们将如何选择"正确的"技术和媒体？更重要的是，我们将如何创造学习过程，有效地使用这些工具和资源来确保我们的学习者获得新的知识和技能？

二、教学技术

教学技术不仅仅指大家平时使用的像电脑和移动设备等这样的技术产品，它还涉及用于提高学习者学习的工具、资源和技术使用相关的知识。

为了促进学习者的学习，我们需要创造一个合适的学习环境。本书对决策过程以及在决策中必须平衡的因素进行了描述。我们必须至少做到以下几点。

---

① 习近平. 高举中国特色社会主义伟大旗帜　为全面建设社会主义现代化国家而团结奋斗——在中国共产党第二十次全国代表大会上的报告[DB/OL]. https://www.gov.cn/xinwen/2022-10/25/content_5721685.htm[2022-10-25].

1）了解学习者的特点。

2）确定预期结果（目标）。

3）选择适当的策略和材料。

4）正确使用最好的可用技术和媒体来促进最佳学习。

5）通过练习和反馈让学习者参与进来。

6）评估整个学习过程中学习者的学习情况、教学体验及其组成部分。

（一）技术在教学中的定位

尽管某些教育工作者将技术视为提高课堂教学质量的"灵丹妙药"，但应注意的是，技术资源并不会直接提升教师的教学能力，教师需要精通将技术集成到课程中的最佳实践。教学的根本目的是育人，提高教学质量是一个永恒的命题，追求效率是教师不懈的动力。技术从出现到进入教学领域再到急速扩散的过程，本质上反映了人们在追求教学质量和效率的过程中对技术的自觉过程。客观地说，技术确实在教学发展中发挥了重要作用。然而，忽视学习者认知过程的任何技术进步都是无效或者低效的。在教学媒体的设计和选择上，要注意十个字：实用、正确、美观、经济、创新。这是教学中技术的本分所在。在技术与教学整合的过程中，同时遵守技术的责任和教学的真谛是二者和谐共生的基础，也是追求技术实现人的能力的延伸的关键。

首先，重新确认教学的基本价值，为技术融入教学定位。什么是教学，为什么教学是研究和判断一切教学问题的逻辑起点，无论时代如何变化，育人作为教学的终极主旨都不会改变。承认并证实这一观点使得在教学领域中寻找技术的坐标成为必要。

其次，合理构建技术的角色认同，为在教学中吸收技术定下基调。追求质量和效率双重发展的教学既不能排斥技术，也不能迷恋技术。面对技术，教学应该更加谨慎。

最后，对技术与教学的边界进行有效界定，明确技术与教学整合的界限。教学与技术的深度融合，一方面，要超越技术对教学的傲慢，避免其在教学领域任意纵横；另一方面，也要超越教学对技术的盲从，避免其在技术领域混淆视听。事实上，教育发展到一定阶段甚至对技术本身也有帮助，而技术价值只能是技术对人的价值，只能相对于人的益处和害处而言，脱离了主体就不存在任何价值。因此，教学活动作为教师和学习者交流的方式之一，仍然需要在真正合理的技术和教学需求中实现技术与教学的有效深度整合。

（二）技术与教学的融合

首先，技术融入教学的价值基础是有效教学。在教学领域中审视技术是技术与教学相结合的正确观点。没有技术渗透的教学就像没有教学限制的技术一样不可想象。然而，无论技术的功能如何发挥，都应该基于对教学有效性的回应。只谈技术，而不关注教学效果，只会导致技术泛滥和教学损失。

其次，技术融入教学的伦理基础是教师和学习者的发展。技术融入教学既可以有效地促进教学各方面的发展，也可能成为教学危机的导火索。在现阶段，人们对技术的过分尊重导致了一些教学的异化，使教学成为技术的"拼盘"，教学只见技术不见人，这从根本上背离了技术与教学整合的伦理原则。

最后，技术与教学融合的评价基础是技术辅助。如何判断技术在教学中的作用是否恰当，是技术融入教学的指导问题。事实上，技术与教学的深度融合不能让技术无限制地侵入教学，使教学盲目地追随技术的引领，同时教学也不能带有排斥技术的偏见，使技术失去其应有的地位。两者整合的合理起点仍然是技术辅助教学。

（三）技术与教学的相互促进

一方面，技术为教学的多元化发展提供了现实的可能性，创造出丰富多彩的教学画面。在技术的支持下，教学正在进行线上与线下的及时互动、口授板书与图文声像的立体呈现结合、纸质材料与电子资源的竞争、实体学习与虚拟学习的多元化发展之旅，这一旅程是确定性与不确定性、显性与隐性、精确性与多样性的共生过程。从这个意义上说，教学成了"美的冒险"。另一方面，教学已经成为技术魅力的重要推动力，正是教学使技术的光辉尽可能地传播开来。教学以其强大的生命力和传播特性推动了技术的发展，教学领域的技术不断完善，教学发展的需求不断对技术的发展提出新的要求。技术与教学矛盾运动的过程，不仅促进了技术本身的进步，而且推动了以技术为基础的教学改革，其根源在于技术与教学的深度融合。

三、技术支持下的多媒体学习

（一）媒体、多媒体和多媒体学习

媒体一词源自拉丁语 medium，该术语指的是在信息源和接收器之间携带信息的任何东西，是人们用来传递信息与获取信息的工具。媒体在教育中用于促进交流和学习，如教学中常见的课本、挂图、课件等，学习者通过这些媒体学习知识。

多媒体的英文单词为 multimedia，既可作为名词也可作为形容词：当作为名词时，指的是利用语词（words）和画面（pictures），通过视觉和言语的形式共同呈现材料的一种技术，即多媒体技术，可以理解为利用各种设备呈现视觉和听觉材料，比如博物馆里多媒体的使用；作为形容词时，是指使用多种不同方式呈现信息或者多种不同材料。因此，多媒体有两层含义，一是多媒体技术，如教学中常用到的一些软硬件设备；二是多媒体信息、多媒体学习等，如利用各种设备或者方式传递信息[①]。

多媒体学习（multimedia learning）就是包含语词和画面的学习。多媒体主要指语词和画面两种呈现信息的方式，而语词和画面可以借助多种不同的技术形式呈现。语词包括纸质或口头文本等，画面指静态图片，如插图（illustration）、图解、图表、照片（photograph）等。近年来，技术的快速发展进一步丰富了信息呈现的形式，如动画（animation）、视频（video）等；虚拟现实（virtual reality，VR）和增强现实（augmented reality，AR）等技术也开始应用于教育领域。

（二）技术和媒体在学习中的角色

乔纳森·伯格曼（Jonathan Bergmann）和亚伦·萨姆斯（Aaron Sams）创造了"翻转课堂"，它描述了将直接指导与建构主义学习经验相结合的教学模式。该模式将基于技术的教学与教师指导的学习相融合。学习者能够通过教学环境之外的视频、音频和在线资源收集信息，然后在教师的指导下，在课堂上使用媒体来扩展对内容的理解。无论是教师创建供学习者使用的知识，还是学习者自主探索新的学习机会，技术和媒体在这些类型的学习经历中均扮演着重要的角色。该模式为教师提供了将技术更自然地引入教室的机会，并探索了更多创造性的方法来让学习者参与学习。

📢 知识卡片

　　翻转课堂教学结构：美国富兰克林学院的罗伯特·塔尔伯特（Robert Talbert）教授提出的以课前、课中为分界的翻转课堂的教学结构最为经典，课前学习者观看教师讲课视频，完成有针对性的练习；课中包括快速少量的测评、解决问题促进学习、情况简述/反馈。[②]

在教育教学中，可以通过技术的合理应用，实现人机分工，减轻教师的劳动强度。在翻转课堂中，技术被用于知识传输、测试与练习、信息传输、数据处理等单调重复性工作。此时，教师可以专注于创造性和情感性的工作，如学习计划设计、问题解决、个性指导等，并注重学习者的认知和情感发展。正如上海市古

[①] 李文昊. 多媒体学习十讲[M]. 南京：南京师范大学出版社，2015.
[②] 祝智庭，管珏琪，邱慧娴. 翻转课堂国内应用实践与反思[J]. 电化教育研究，2015，36（6）：66-72.

美高级中学郑荣玉校长所言，在传统的课堂教学模式中教师投入了 80% 的精力在实现低水平认知目标的教学任务上，而只有 20% 的精力用于实现更高认知目标的教学任务。翻转课堂教学模式恰恰颠倒了教师能量的分配。对于学习者来说，从分布式认知的角度来看，认知可以发生在人与工具的交互过程中。当该技术被用于消除低水平和不重要的需求时，与任务相关的认知负荷可以降到最低点，并且可以重新分配学习者的认知资源以支持高级思维和学习活动。

罗伯特·海涅克（Robert Heinich）指出，任何一种技术创新要融入学校教育这一正式教育体系中，都必须通过教师这一关，否则，就很难扎根并得到整合。因为教师在课堂教学中占据主导地位，如果教师抵触，技术就不能进入教室，即使强行进入，也会沦为摆设，不会真正起作用。翻转课堂对教学带来的益处是显而易见的，但当前技术扩散面临的主要任务是如何使教师真正掌握这种技术创新，避免在实践中滥用和误用。在翻转课堂的实施中，教师需要为学习者提供高质量的微课或其他学习资源，为学习者设计启发式问题和有针对性的练习，并对学习者课前学习产生的问题进行整理。课堂活动需要精心设计，以便于解决问题，学习者的弱点也需要及时补救。课堂的颠倒将授课人从知识教学的过程中解放出来，但相应地承担了更多责任。只有了解什么是真正的翻转课堂，何时采用翻转课堂，针对什么样的学习者实施翻转课堂，以及如何去评价，才能有效地发挥技术对学习的作用。

（三）媒体格式

我们将在后面的章节中对媒体进行更详细的讨论，这里简单介绍媒体的格式。在学习中使用的六种基本类型的媒体有：文本（text）、音频、视觉材料（visual material）、视频、可操控对象和人。其中，文本是最常用的媒介，由字母、数字等字符组成，这些字符可以以任何格式显示在书籍、海报（poster）、白板、计算机屏幕等载体上。音频，是另一种在学习中常用的媒介，包括你能听到的任何声音——某个人的声音、音乐、机械声（如运行的汽车引擎），甚至噪声等，可以是直播的，也可以是录制的。视觉材料也经常用于促进学习，包括计算机屏幕上的图表、白板上的绘图、照片、书中的图形、卡通图片等。视频是一种视听型媒体，可以存储在数字通用光盘（digital versatile disc，DVD）上，也可以在网络上流式传输，等等。虽然可操控对象通常不被认为是媒体，但它们是三维的，可以被学习者触摸和处理。第六类是人。事实上，人是学习的关键，学习者能够向老师、其他学习者和成人学习，这类媒体有时候会以社交媒体的形式出现。

媒体格式是指合并和显示消息的物理形式，它可能包含多种类型的媒体。例如白板包含文本和视觉材料，PowerPoint 或 Prezi 演示文稿包含文本和视觉材料，CD 包含音频，DVD 包含视频和音频，计算机多媒体包含音频、文本和视频等。

在可以记录和显示的消息类型方面，每种媒体格式都有不同的优势和限制。选择媒体格式是一项复杂的任务，需要考虑可用的大量媒体和技术、学习者的多样性、要追求的目标（表 1-2）。另外，在选择媒体格式时还必须考虑教学情况或学习方式（例如，大组、小组或自学）、学习变量（例如，读者、非读者、听觉偏好）、目标的性质（例如，认知、情感、运动技能、人际关系），以及每种媒体格式（例如，静止图像、视频、书面文字或口语文字）的预设能力。

表 1-2　媒体格式举例

媒体	媒体格式
文本	印刷书籍、计算机软件、电子书、网页
音频	CD、播客（podcasting）
视觉材料	交互式白板上的绘图、报纸上的照片
视频	DVD 纪录片、流式视频
可操控对象	真实或虚拟对象
人	教师、主题专家

（四）基于多媒体设计原则的教学材料设计

教学材料是在课程中使用的影响学习者学习的特定项目。教师根据教学内容确定呈现信息的媒体格式如 DVD，还需确定使用哪种 DVD 最合适。例如，中学数学课程可以集中于用计算机软件程序作为学习工具，该软件程序可以为学习者提供创建数学问题的"具体"示例以便得出解决方案的虚拟操作。计算机软件提供了反馈和持续练习的机会，它产生的具体数学问题和反馈是教学材料。

学习者与材料的互动会加强学习，因此，教学材料的设计和使用至关重要。教学材料不够充实、结构不正确或者排序不好只会带来有限的学习。功能强大、设计良好的材料，具有易于编码、方便调用、形式多样的特点，能给学习者带来较好的学习体验。被创建、整合的教学材料如果以被需要的形式呈现，学习者更容易记住它们。

如何设计教学材料呢？依据类脑科学研究和多媒体学习的认知理论，理查德·梅耶（Richard Mayer）提出了多媒体学习与教学设计的八项原则，包括：多种媒体原则、邻近呈现原则、双向通道原则、控制冗余原则、聚焦要义原则、提示结构原则、切块呈现和提前准备原则、交往特色原则[1]。

---

[1] 张丽，盛群力. 技术应如何致力于促进学习？——梅耶论多媒体学习与教学设计的原则[J]. 远程教育杂志，2009，（2）：26-32.

1. 多种媒体原则

多种媒体原则是针对改进单一媒体观提出来的，学习者通过文字和图片进行学习比仅仅通过文字学习的效果好。人们通常认为，只要用大量的文字把想要表达的内容讲述清楚就足够了，忽视了可以用相关的图片来进行辅助解释。实际上，文字和图片的共同运用能更好地提高学习者的学习效果。我们用多媒体呈现这个术语来指任何包括文字和图示的呈现。

2. 邻近呈现原则

邻近呈现原则包括空间邻近原则和时间邻近原则。空间邻近原则是指相应的文字和图示在书面或屏幕上相隔很近呈现时，学习者的学习效果比较好。因为当文字和图示在屏幕上分离时，人们只能利用其稀有的认知资源来连接文字和图片，无法从心理上组织和整合学习材料。当文字和图示整合在一起时，人们可以在工作记忆中将它们结合起来，建立起两者之间有意义的联系。时间邻近原则是指相应的文字和图片同时呈现而不是继时呈现时，学习者的学习效果会更好。

3. 双向通道原则

双向通道原则是指学习者通过动画和解说进行学习比通过动画和屏幕文本学习的效果要好。根据认知学习理论，人们对视觉/图形的处理和听觉/语音的处理有不同的信息处理通道。当图形和屏幕文本都呈现给学习者时，两者最初都必须在视觉/图形通道中进行处理。每个通道的能力都是有限的，因此图形和解释性屏幕文本必须竞争同样有限的视觉注意力。当眼睛看着屏幕上的文本时，它们就不能同时看到图片；当眼睛看着图片时，它们就不能同时顾及屏幕上的文本。因此，即使同时呈现文本信息，学习者也很难充分注意到它，因为他们的视觉通道已经超负荷了。相反，我们可以通过呈现语音解释来减轻视觉通道的负担。因此，语音材料可以通过耳朵进入认知系统，并在听觉/语音通道中进行处理。同时，图片通过眼睛进入认知系统，并在视觉/图形通道中进行处理。通过这种方式，文本和图片都可以被处理，而不会使任何通道负担过重。

4. 控制冗余原则

控制冗余原则是指学习者通过动画和解说进行学习比通过动画、解说和文字进行学习的效果要好。动画通过眼睛进入学习者的认知系统并在视觉/图形通道中被处理，而语音叙述通过耳朵进入学习者的认知系统并在听觉/语音通道中被处理。但是屏幕文本也通过眼睛进入认知系统，并且还必须在视觉/图形通道中被处理，因此视觉通道中有限的认知资源必须用于处理动画和屏幕文本。如果呈现速度较快，且学习者不熟悉这些材料，学习者将在视觉/图形通道中产生沉重的认知负担。因此，动画的一些重要方面很难被选择和组织成心理表征。

5. 聚焦要义原则

聚焦要义原则是指在多媒体呈现中，去除无关的声音、图片和文字后，学习者的学习效果会更好。一些多媒体在呈现带解说的动画时还伴随着一些背景音乐和背景音效。有些人认为这样可以提高学习者的学习兴趣，使学习过程更加轻松，但是这样真能产生良好的效果吗？研究表明[1]，背景音乐和背景音效会损害学习者的学习效果。研究同样显示[2]，向多媒体呈现中添加有关但并不直接相关的图片或视频片段也会损害学习者的学习，原因是：①无关信息会分散学习者有限的注意力，导致其分心；②无关信息妨碍学习者在相关的材料之间构建适当的联系；③无关信息使学习者预先准备不恰当的已有知识（由无关的图片所引导的），然后用来组织新的材料，导致学习者对所学知识的理解产生偏差。综上所述，多媒体呈现中应去除无关的声音、图片和文字。

6. 提示结构原则

提示结构原则是指在多媒体学习中，当向多媒体信息中增加线索以突出基本材料的组织时，人们的学习效果会更好。提示结构原则要求把学习者的注意力直接引向基本的材料，促使学习者忽略无关材料，进而使学习者运用有限的认知容量来加工基本的材料，去除了加工无关材料的认知需求。例如，增加一些提示，告知学习者在学习过程中应该注意哪些内容，怎样对这些内容进行组织等。

7. 切块呈现和提前准备原则

切块呈现原则是指当多媒体信息按照学习者的进度以片段的形式呈现时，比以连续单元的形式呈现的效果好。提前准备原则是指学习者提前了解主要概念的名称和特性会取得更好的学习效果。

根据多媒体学习理论可知，有意义学习所需的多数认知加工过程都发生在工作记忆中，但是视觉/图形通道和听觉/语音通道中的容量是极其有限的，因此在每个通道中，只有极少数的内容被保持或加工。当教学信息（例如带解说的动画）包含很多基本的材料，并且以很快的速度呈现时，信息加工系统的认知能力就很容易出现超负荷的情况。两个通道都会由于必要的认知加工需求而负担过重。减轻负担的两种方法就是切块呈现和提前准备。切块呈现原则的基本原理就是放慢呈现的速度，使学习者有时间进行必要的认知加工。提前准备原则的基本原理就是用先前的知识来武装学习者，从而使学习者仅做出较小的认知努力就可以对带解说的动画进行加工。因此，对呈现材料进行切块呈现给了学习者进行必要认知加工所需的时间，而提前准备则减少了所要求的必要认知加工的数量。

① 李文昊. 多媒体学习十讲[M]. 南京：南京师范大学出版社，2015：58-59.
② 李文昊. 多媒体学习十讲[M]. 南京：南京师范大学出版社，2015：60-62.

8. 交往特色原则

社会线索会促进学习者的社会性行为，使其在学习过程中进行更深层次的认知加工，从而在测验中有更好的表现。这就是基于社会线索的多媒体设计原则——交往特色原则，主要包含三个方面的内容：对话风格原则、标准发音原则、形象出镜原则。对话风格原则是指当多媒体中的语言以对话的风格而非正式风格呈现时，人们会学得更加深入。标准发音原则是指当多媒体信息中的语言以标准的人声发出而非机器发声或是以外国口音的人声发出时，人们会学得更加投入。形象出镜原则是指在多媒体课程中，当发言者的形象出现在屏幕上时，不一定会提高学习效果。

由此可见，梅耶提出的相关多媒体设计原则给我们教学材料的组织和编排提供了较好的指导依据。

第二章　21世纪教学与技术的整合

学习目标

1）了解日常用到的教学模式。
2）掌握 ASSURE 模式的六个要素。
3）学会在教学中有效使用 ASSURE 模式。
4）学会通过分析，了解技术是如何与教学整合的。

本章结构图

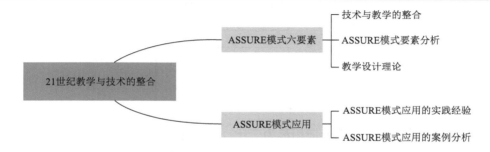

第一节　ASSURE 模式六要素

一、技术与教学的整合

你知道 21 世纪技术与教学的关系吗？有了技术,我们如何才能让技术更好地促进教学呢？本节带你了解技术如何与教学更好地融合，以及技术与教学整合的典型模式之一——ASSURE 模式。

技术与教学整合的模式有很多,下面简单介绍其中的几种。

（一）ADDIE 模式

教学系统设计的概念出现在 20 世纪 50 年代早期。ADDIE[分析（analysis），设计（design），开发（development），实施（implementation），评估（evaluation）]第一次出现在 1975 年,是由美国佛罗里达州立大学的教育技术研究中心为美国陆军设计和开发的培训模型，主要包括分析、设计、开发、实施和评估五个阶段。[①]

---

① 卜彩丽. ADDIE 模型在微课程设计中的应用模式研究[J]. 教学与管理，2014，（24）：90-93.

从图 2-1 中我们可以看出，每个阶段都是独立的，但又互相关联。评估阶段贯穿于其他四个阶段之中，也就是说，每个阶段都需要评估。

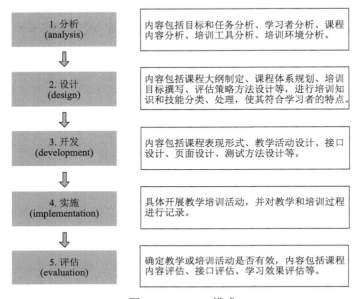

图 2-1　ADDIE 模式

　　ADDIE 模型是国外企业应用最为广泛、最具有代表性的系统培训模式之一，它广泛适用于不同规模的企业以及不同类型、不同内容的培训活动，在各类组织中都发挥了良好的作用。ADDIE 模型最初运用于美国军队培训，军队是一个特殊的组织，其人员数量庞大，每位军人均经过严格选拔，在综合素质方面大致相当。在这种背景下发展起来的 ADDIE 模型，最初仅适用于与军队相似的大型组织。[①]后来该模型被不断修正与完善，现在的 ADDIE 模型除用于企业的培训设计与开发之外，还用于电子学习（e-learning）设计等。

　　（二）肯普模式

　　肯普模式是教学设计模式中的代表性模式之一，它体现了教学设计的连续性，通过评价与修改不断与其他教学要素联系[②]。

　　肯普模式强调了四个基本要素，着重解决了三个主要问题，采用了十个教学环节。其中四个基本要素主要指：教学目标、学习者特征、教学资源和教学评价。三个主要问题为：①学习者必须学习到什么（确定教学目标）；②为达到预期的目

① 刘迫，刘佳. 基于 ADDIE 模型的系统培训模式研究[J]. 中国人力资源开发，2012，（9）：47-50，78.
② 罗冬梅，黄贤立. 基于"肯普模式"的混合教学应用研究[J]. 中国教育信息化，2008，（23）：65-67.

标应如何进行教学（即根据教学目标的分析，确定教学内容和教学资源；根据学习者特征分析，确定教学起点，并在此基础上确定教学策略、教学方法）；③检查和评定预期的教学效果（进行教学评价）。基于此开展的十个教学环节如图 2-2 所示：确定学习需要与学习目的、预测学习者的准备情况、选择课题与任务、分析学习者特征、分析教学内容、阐明教学目标、试验教学活动、利用教学资源、提高辅助性服务、进行教学评价。该模式的灵活性较大，教学设计者可以根据自己的习惯和需要，选择任意一个环节作为自己的起始环节，将其余环节按照逻辑程序依次排列。

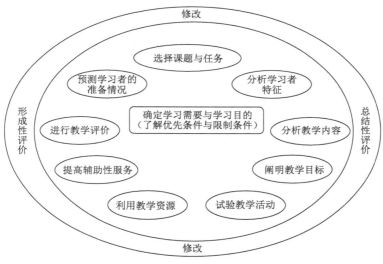

图 2-2 肯普模式的教学环节

（三）迪克-凯瑞模式

迪克-凯瑞教学设计模型是迪克（Dick）与凯瑞（Carey）在 20 世纪 60 年代创建的，在教育技术领域，正值程序教学流行时期。作为一种开发工具，迪克-凯瑞模型既不是专门为学校教师作日常教学设计使用的，也不是为学科专家开发前做准备工作使用的，而是用于帮助新手开发有效的教学材料。这也是为什么不少教师认为，在学校教学设计中使用它不实用的原因之一。[①]

迪克-凯瑞教学设计模型采用了系统化方法。系统化的方法强调任务中各环节之间的关系，任务过程中的每一步作为下一步的条件，通过反馈检测每一步是否达到目标要求，如果没有达到要求，就要对该过程进行反复修改直至达到既定的

---

① 尹玉忠，楚永涛，曹刚. 迪克—凯瑞教学系统设计模型评价[J]. 河北大学成人教育学院学报，2008，（1）：76-78.

教学目标。[①]该模型的结构流程如图 2-3 所示。

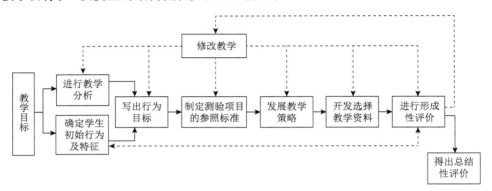

图 2-3　迪克-凯瑞模式

（四）泰勒课程设计模型

泰勒（Tyler）是目标模式的代表人物，目标模式是课程设计的主流模式。泰勒基于对课程的规划和设计提出了以确定教学目标为核心的课程理论。泰勒课程设计的核心集中在以下几方面：选择学习经验、组织学习经验和评估学习经验。该模型的结构流程如图 2-4 所示。

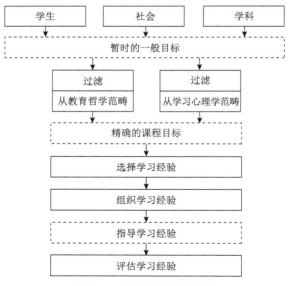

图 2-4　泰勒课程设计模型

① 坦尼森，肖特，西尔，等. 教学设计的国际观，第 1 册，理论·研究·模型[M]. 任友群，等译. 北京：教育科学出版社，2005：104-109.

二、ASSURE 模式要素分析

传统的教学模式中，技术与媒体的整合只占其中一小部分，而 ASSURE 模式主要针对的是教学过程中的媒体和技术的整合。

ASSURE 教学设计模式最早是由美国印第安纳大学（Indiana University）教育技术专家罗伯特·海涅克、迈克尔·莫伦达（Michael Molenda）和普渡大学（Purdue University）的詹姆斯·罗素（James D. Russell）于 1989 年在他们的著作《教学媒体与技术》（*Instructional Media and Technologies for Learning*）中提出的。ASSURE 教学设计模式以认知学习理论为基础，有机整合了加涅（Gagné）的九大教学事件理论，即在教学中有九大教学事件——引起注意、告知目标、刺激回忆先前习得性能、呈现刺激材料、提供学习指导、引发行为表现、提供反馈、评价作业、促进记忆与迁移，以其可操作性、简洁性、逻辑性和以学习者为中心的思想而著名，是一个很有价值且被广泛接受，能够推广到课堂教学、远程教育和企业培训等多个领域的教学设计模式。[①]

ASSURE 是对执行整个教学设计的步骤化和程序化。ASSURE 中的每个字母分别代表一个教学步骤，是教学步骤的缩写。从图 2-5 中我们可以看出，第一个字母是 A，代表分析学习者特征（analyze learners characteristics），第二个字母是S，代表陈述教学目标（state objectives），第三个字母是 S，代表选择方法、媒体和材料（select methods，media and materials），第四个字母是 U，代表运用媒体和材料（utilize materials），第五个字母是 R，代表要求学习者参与（require learner participation），最后一个字母是 E，代表评价和修正（evaluate and revise）

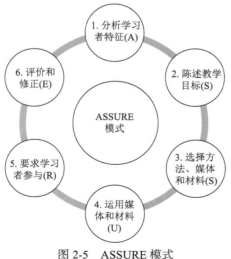

图 2-5 ASSURE 模式

---

① 严丹. 基于 ASSURE 模式的英语文学名著导读网设计[D]. 上海：上海外国语大学，2009：67-68.

（一）分析学习者特征

要使一个教学设计达到最终目标，使得教学过程中的教学媒体、方法、材料发挥应有的作用，使之与学习者相匹配，那么第一步就是分析学习者的特征。这里的学习者不仅仅是指接受常规学校教育的学习者，还包括企业、社团、俱乐部中的人员，只要接受相应的培训与学习，都称作学习者。学习者的特点是非常多的，我们主要从一般特征、初始能力与学习风格三个层面来进行分析。

1. 一般特征

学习者的一般特征包括广泛的识别标志，如他们的年龄、性别、职位、职业、社会经济、文化、种族信仰等背景。狭义上来说，学习者的一般特征是对整个班级相关信息的描述，包括学习者的人数、年龄、年级、性别、家庭情况等。对于我们来说，全面地分析学习者的这些特征有一定的困难，但有助于更深入地了解他们，从而对下一步的教学做出一定的判断。

2. 初始能力

初始能力分析是对学习者是否掌握所要学习的知识和技能的相关描述，可以从两方面来考虑：一方面，学习者还缺乏或不了解将要讲授的知识和技能；另一方面，学习者已经具备相应的知识和技能。初始能力分析为学习者进行后续的学习奠定了基础，这一步也是非常重要的。要把握好上述两个方面，如果把握不好，极易造成以下情况：①学习者早已掌握某知识，这导致学习者对该知识的讲述兴致索然；②知识难度过大，导致学习者无法理解。

在开始之前，可以通过提出问题、分发试卷的方式对学习者进行先验知识的测试。可以从学习者是否进行了相关基础知识的学习，学习者是否了解过所要讲授的知识，学习者是否对本节课的学习存在偏见等维度来进行测试。对影响学习的各种心理特征的研究表明，学习者对某一学科的先前知识，在影响他们学什么和怎么学方面要比任一心理特征的影响力都强[①]。

3. 学习风格

学习风格是指对学习者在感知不同刺激并对不同刺激做出反应这两个方面产生影响的所有心理特性。[②]比如学习者对某种媒体的偏爱，对某种学习方式、策略的倾向。不同的人对学习风格的定义不一样，可以归结为感知能力与知觉偏爱、信息处理习惯、动机因素和心理特征等。

利用学习风格促进教学应做到以下几点：首先，必须了解学习者的认知偏爱

---

① 陈琦，刘儒德. 当代教育心理学[M]. 北京：北京师范大学出版社，2002：142-145.

② Sharon E. Smaldino, James D. Russell, Robert Heinich，等. 教学媒体与技术(第八版 影印版)[M]. 郭文革译. 北京：高等教育出版社，2005：50-51.

和强度，主要的选择有听觉、视觉、触觉或运动知觉，例如反应比较慢的学习者倾向于运动知觉型的学习体验；其次，必须了解学习者的信息处理习惯，包括一个很大范围的各种可变的信息认知过程；最后，必须了解学习者的动机和生理因素，动机方面有焦虑、建构强度、成就动机、社会动机、谨慎度、竞争性等，最重要的生理因素是性别差异、健康度和环境条件等[①]。

（二）陈述教学目标

教学目标的阐明是指对学习者所要获得的概念、掌握的技能、达到的要求、建立的价值标准等方面的阐述，即希望达到什么样的学习结果。要注意，需要阐明的是是否达到了标准，而不是如何达到标准；对教师来说是教的标准，对学习者来说是学的标准，并且侧重对象是学习者，并通过阐明教学目标体现最后的评价标准。

1. 教学目标的分类

教学目标的分类具有十分重要的实际意义。其中最具代表性的是布鲁姆（Bloom）对教学目标的分类和加涅对于学习结果的分类。

布鲁姆将教学目标分为认知、情感与动作技能三个领域，并从实现各领域的最终目标出发，确定了一个细化目标的程序。认知领域的教学目标包括识记、理解、应用、分析、评价、创造。情感领域的教学目标依据价值内化的程度分为接受、反应、形成价值观念、组织价值观念系统、价值体系个性化五级。对于动作技能领域的教学目标，辛普森（Simpson）把它分为知觉、定向、有指导的反应、机械动作、复杂的外显反应、适应、创新七级。与布鲁姆依据测量学标准所划分的教学目标不同，加涅等人在对学习结果进行分类时，不仅考虑了结果的测量，还阐明了每类学习的学习过程、条件及相互间的层次关系。加涅把学习结果分为态度、运动技能、言语信息、智慧技能和认知策略。

根据布鲁姆对教学目标的分类，我国将新课程教学目标分为三类，即知识与技能、过程与方法、情感态度与价值观。这是教学的三个方面，但不是三个独立的目标，它们之间是互相联系、密不可分的。知识与技能是从传统课堂中获得的东西；新课程倡导对学与教过程的体验、方法的选择，是在知识与能力目标基础上对教学目标的进一步开发。情感态度与价值观，既是课堂教学的目标之一，又是课堂教学的动力系统。新课程倡导对学与教的情感体验、态度形成、价值观的体现，是在知识与能力、过程与方法目标基础上对教学目标深层次的开拓。在课堂教学中，不能顾此失彼，而应该努力实现多维目标的整合。[②]

---

① 丁卫泽. 基于 ASSURE 模型的学习环境构建[J]. 电化教育研究，2008，（12）：60-63.
② 侯敬文. 新课程理念下对"三维目标"的维度解析[J]. 高考，2016，（24）：125-126.

2. 教学目标的撰写

教学目标对教学起着导向作用，并且是教学评估的依据，教师理应学会撰写教学目标。下面以 ABCD 目标为例，来学习如何写出适合的教学目标。

ABCD 即主体、行为、条件与行为程度的缩写。A 即主体（audience），目标所指向的受众。教学设计关注的是学习者做什么，而不是教师做什么。针对目标完成，依赖的主体是学习者。B 即行为（behavior），这个行为是指学习者的行为。目标的核心是一种行为，若目标是可观察的行为，那么这种行为就可以清晰地表现出来。C 即条件（condition），表示的是目标在什么条件下可以观察，它属于划定的一个范围。D 即行为程度（degree），达到的标准，以便对动作进行判定，标准是定性的还是定量的由实际情况决定。

以 2022 年审定人教版数学四年级下册第八单元《平均数与条形统计图》为例，如果只是简单地把目标定为"学生能够理解平均数的含义"，你会用 ABCD 方法对目标进行改编吗？

我们可以改变为"四年级（3）班的学生通过自习课本 5min，能够正确理解平均数的含义"。这时"四年级（3）班的学生"即学习者，是 A；"通过自习课本 5min"属于 C；"理解平均数的含义"属于 B；"能够正确"属于达到的标准 D。这才是一个清晰的教学目标，如图 2-6 所示。

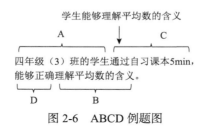

图 2-6　ABCD 例题图

根据布鲁姆的认知层次理论，可以把教学目标分为识记（识别和回溯事实性知识）、理解（理解事实的内涵）、应用（将事实、规则、概念和思想加以应用）、分析（把信息分解成各个组成部分）、评价（对信息或思想的价值进行评价）、创造（整合不同要素形成一个新的知识体系）六个层次，如图 2-7 所示。我们可以从这六个层次定制对应的教学目标，越往上面的层次，教学目标定制得越难。

识记：能够叙述牛顿三大定律；记忆名词、事实、基本观念、原则。

理解：对数学公式含义进行说明；对文章大意进行概括。

应用：运用运算法则解题；运用所学的电学知识安装电路、电灯。

分析：对写景的语句做出鉴赏评价；比较两者不同之处。

评价：对你本节课所掌握知识的程度进行评价。

创造：还有什么方法测量该建筑？

图 2-7　布鲁姆教学目标分类

同样以平均数为例，按照布鲁姆教学目标应该怎样制定从识记到创造层次的目标呢？"识记"方面，教学目标可以规定四年级学生能够独立且正确地背诵求平均数的公式。这里的"背诵"便很好地突出了"识记"这一层的特点。"理解"方面，在老师讲解完平均数知识点以后，四年级学生能够正确理解平均数的含义；"应用"方面，在老师讲解完平均数知识点以后，四年级学生能够应用平均数公式正确地解题；"分析"方面，在老师讲解完平均数的例题以后，四年级学生能够举例说明平均数在实际生活中应用的场景。那么，"评价"层面与"创造"层面应该怎样制定呢？思考一下吧。

（三）选择方法、媒体和材料

对媒体资源进行系统的选择，可以从方法、媒体和材料三方面进行具体的选择。

1. 选择方法

没有一种教学方法适合于所有的课堂，应该根据具体的课堂与学习者以及具体的知识点选择不同的教学方法。在一节课上可能用到多种教学方法，教学方法的作用在于激起学习者的学习兴趣，使学习者达成教学目标。

2. 选择媒体

选择媒体时应遵循以下学习标准：①根据学习者的需要来选择；②考虑整体的教学环境；③根据教学目标进行选择；④适合一定的教学模式；⑤与学习者的实际能力和学习风格一致；⑥客观地进行选择；⑦不能由单一媒体决定一切；⑧与课程相符合；⑨媒体中的文字要简练和清楚；⑩激起和维持学习者的兴趣；⑪使学习者参与进来；⑫具有比较高的技术质量。[①]

---

① 陶晓静，王立群. 教学设计的 ASSURE 模式[J]. 青海师范大学学报（自然科学版），2008，（2）：47-50，56.

3．选择材料

应该根据学习者的目标设计合适的教学资源、材料，也可以从现有的材料中进行选择，使之与所学知识相对应。

在教学中可能遇到的三种情况如下。

1）面对班级教学，该如何选择教学策略与资源？

2）面对个别化教学，针对不同的学习者该如何选择教学策略与资源？

3）面对极个别不愿意学习的学习者，该怎么办？

面对这三种情况，还是以四年级的平均数问题为例，求四个小朋友平均每人收集了多少个瓶子。这时你应该选择怎样的教学方法或资源？

1）班级教学。可以采用案例导入法。如图 2-8 所示，将四个人收集的瓶子分别画出来，这样能使收集的个数一目了然。在平均数的位置画一道竖线，可以看到有低于平均数的，有高于平均数的。在总数不变的情况下，通过移动瓶子，大家找到了一个相同的数目"13"，通过移多补少，得出 13 就是平均数，如图 2-9 所示。最后可以得出一个结论：几个不同的数，在总数不变的前提下，通过移多补少，会得到一个相同的数，这个相同的数叫作这几个数的平均数。

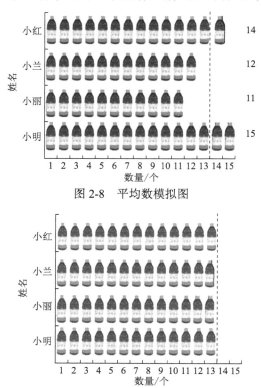

图 2-8　平均数模拟图

图 2-9　平均数移动图

2）个别化教学。课前通过问卷调查，了解学习者的多元智能情况，如图 2-10 所示。调查结果显示，每个人测试结果都不一样，有的人是言语语言智能比较突出，有的人是平均化智能，有的人是音乐节奏智能比较突出，还有的人是数理逻辑智能、言语语言智能或身体运动智能比较突出。在授课时，如果学习者的运动智能比较好，可以从运动方面切入，然后再引导学习者发现问题。如果学习者的逻辑智能很好，那就比较适合学数学。如果一位同学逻辑智能比较好，另一位同学运动智能比较好，那么面对这两位同学，应该怎么教学？

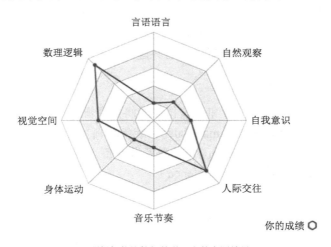

(a) 逻辑智能比较好的学习者的自测结果

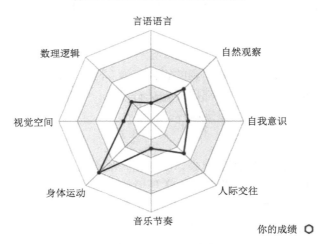

(b) 运动智能比较好的学习者的自测结果

图 2-10 多元智能自测图

老师可以通过夹球比赛来进行教学，在课堂上用真正的比赛引入平均数的概念，将学习者分为两队——男生一队、女生一队，每队三人。第一轮夹球比赛只有两队学生，无教师加入，各队将夹球的数目填写在格子中，最终算出总数，最后男生队获胜。后来老师加入女生队和学生们一起比赛，最终女生队胜利。有学生提出不公平，因为两队人数不同。此时，教师可以激发学生学习动机，提出应该比较每队的平均数，从而引入本节课的主题。

如果只是针对逻辑智能好的学习者，则可以通过直接讲出公式的方法进行教学，这样可以节省时间，使其对其他知识点进行深入学习。

3）针对极个别不愿意学习的学习者，可以运用教育技术中的娱教技术，让其边娱乐边学习。如把教学的知识点渗透到虚拟的 3D 游戏中去，让学习者在玩游戏的同时学到知识，以激发学习者的学习兴趣。

（四）运用媒体和材料

这部分包含如何选择、设计和修改相关的媒体资源与材料。我们通常采用 5P 过程，即预览材料（preview the materials）、准备材料（prepare the materials）、准备环境（prepare the environment）、让学习者做准备（prepare the learners）、提供学习体验（provide the learning experience）。

1. 预览材料

尽量不要使用未预览过的材料。在选择合适的材料过程中，出版商的建议、发行人使用的产品广告词，或某些学校对使用过的媒体的评价可以作为有价值的参考材料，但在使用前必须对材料进行预览，以便更好地选择和更充分地利用媒体。

2. 准备材料

准备在教学活动过程中需要用到的媒体资源（材料），不管是教师用来呈现知识的，还是学习者将要用到的，都需要先进行汇总，再决定使用的次序，将需要用到的设备写进清单，并列出呈现顺序。

3. 准备环境

无论是在教室、多媒体教学中心、图书馆，还是在田径场，教学设备都应按教学所需进行合理安排，通常要考虑教学环境的舒适度，如通风、温度、亮度等，有的媒体还可能要求亮度较低、使用方便的电源和灯光切换条件，这些都要精心考虑。此外，还要检查设备是否正常工作。

4. 让学习者做准备

对学习的相关研究表明，知识的获得在很大程度上依赖于学习者对学习的先前准备。从教学的观点出发，正式教学前的预热包括学习内容的总体介绍，提供一些与学习主题相关的经验，告诉学习者通过学习将获得的好处，以便用学习需求激发学习动机，直接提示需要掌握的内容和值得注意的问题等，在必要时对不熟悉的词语或特殊的现象进行解释。

5. 提供学习体验

若以教师为中心，教师要以演员的角色出现，通过恰当的表情、合适的语调、得体的身势语等引起或控制学习者的注意；若以学习者为中心，应要求每个学习者都能积极参与、亲身体验，教师起引导和促进作用。

（五）要求学习者参与

学习者的参与是最具挑战性的一个环节，如果没有学习者的参与，教学设计将毫无意义。前面所采用的选择媒体、方法和材料的目的是激发学习者的兴趣，让学习者全身心地参与进来，并且完成资源、学习者与教师之间的交互，从而获取全面的知识。其中允许学习者练习知识或者技能，并且使他们的努力在进行正式的评价之前得到反馈。练习包括学习者自我检查、计算机辅助教学、通过因特网进行相关的活动或者小组游戏，反馈可以由教师、计算机、其他的学习者提供或者自我评价。[①]利用 Web2.0 与学习空间，让学习者参与进来。

（六）评价和修正

评价和修正是这个模式的最终环节，同时也贯穿于整个教学过程。在教学前评价是为了更好地掌握学习者的学情，从而制定出适合本次课堂的教学设计；在教学过程中评价是为了及时得到学习者的反馈，以便及时修正；在教学之后评价是为了发现教学当中的不足以及应用的效果。评价的内容多种多样，可以从以下几方面进行。

1. 评价学习者的成绩

学习者是教学的主体，评价的最终目的是检验学习者是否达成了最终的目标。最终的评价应该是与之前的教学目标相对应，主要是评价学习者对知识技能的掌握程度以及运用到新环境中去的能力。可以通过考试、书面作业等形式进行评价。

2. 评价教师的成绩

教师在教学过程中起到主导作用，教学目标能否真正实现也在一定程度上反映出教师的成绩。优秀的教师能在一定程度上促进学习者学习经验的获得。

---

① Slavin R E. Cooperative learning[J]. Review of Educational Research, 1980, 50(2): 315-342.

3. 评价方法与媒体

评价方法与媒体主要包括教学资源是否有效，现有资源是否需要改进，选择的媒体是否有助于目标的达成，是不是所有学习者都能够恰当地接受和运用教师所选择的媒体与材料，媒体的性价比是否够高，在教学过程中时间的投入与教学效果的产出是否取得合理的比例等。

三、教学设计理论

（一）ASSURE 模式与教学设计的关系

教学设计的能力是教师必须掌握的核心素养之一。教学设计与 ASSURE 模式是同一种东西吗？针对这个问题，有很多人不解，显然它们并不是同一种东西，它们之间既有区别又有联系。通过前面的学习我们发现，在课堂、企业培训中使用的模式多种多样，而 ASSURE 模式只是其中的一种，且 ASSURE 模式是教学设计的一种，或者说是基于 ASSURE 模式的教学设计。所以说，它们之间是包含关系，ASSURE 模式是众多教学设计模式中的一种。不仅用于课堂中的教学设计，也可以应用于资源开发、课程开发的教学模式当中。ASSURE 模式主要是针对于课堂上的教学和媒体资源的应用。

（二）教学设计需要掌握的理论

教学设计是运用系统方法，将学习理论与教学理论的原理转换成对教学目标（或教学目的）、教学条件、教学方法、教学评价等教学环节进行具体计划的系统化过程[1]。

教学设计的理论主要包括四类，分别是学习理论、教学理论、传播理论和一般系统理论。

1. 学习理论

学习理论是探究人类学习的本质及其形成机制的心理学理论，而教学设计是为学习创造环境，根据学习者的需求，设计不同的教学计划，促进人类潜力的发展。教学设计者所关心的是如何发展学习者未来的能力。学习理论体系对教学设计的过程和决策产生了深远的影响，主要包括行为主义学习理论和认知学习理论。概括地说，行为主义学习理论把学习看作刺激与反应之间联结的建立或习惯的形成，而认知学习理论则认为学习是一种组织作用，是学习者对情境的认知、顿悟和理解，是学习者知觉的再构造或认知结构的变化。二者虽然对学习产生的情境的理解有所不同，但它们都为教学设计的实践提供了相应的理论基础。前面所学

---

① 何克抗. 也论教学设计与教学论——与李秉德先生商榷[J]. 电化教育研究，2001，（4）：3-10.

的建构主义学习理论，可以比较好地说明人类学习过程的认知规律，即学习如何发生、意义如何建构、概念如何形成，以及理想的学习环境应包含哪些主要因素等。①因而教学设计是以相关的学习理论作为基础的。

2. 教学理论

教学理论是教学设计者最直接的理论来源。教学理论以教学的普遍规律为其主要的研究对象，其研究范围包括教学任务（目的）、教学内容、教学过程、教学原则、教学方法、教学评价等，这些都为教学设计提供了最基础、最核心的理论指导。教学理论的发展为教学设计提供了丰富的科学依据。

3. 传播理论

运用传播理论分析教学活动，可以比较直观地看到教学信息传播过程的复杂性。例如，常规的课堂就是一对多的传播。①从教学信息的传播者（教师）和教学信息的接受者（学习者）来看，至少有四个方面的因素会影响教学信息传播的效果：一是信息传播的技能，二是态度和情感，三是知识和认知水平，四是社会以及文化背景。②从信息本身来看，也有很多因素会影响到传播的效果。③从信息传播的渠道来看，不同的传播媒体也会产生不同的传播效果。在教学设计中，要尽可能地运用多种渠道和方式展示知识，有效地帮助学习者运用多种器官接受教学信息，以取得更加满意的教学效果。

其中最为经典的是香农-韦弗传播模式（图 2-11），传播过程的七要素是信源、编码、信道、译码、信宿、干扰、反馈。在网络远程教学中，信源是教师及其在远程教学前所做的准备；编码是利用网络，将教师所要讲解的内容进行编码，使之成为符号等；信道是传送内容的网络；译码是学习者计算机在接收到信息时自动进行译码；信宿是接受远程教育教学的学习者；干扰是在学习者学习过程中受到的来自外界的干扰以及网络的干扰;反馈是学习者可以在学习后进行在线测试，向教师进行反馈。

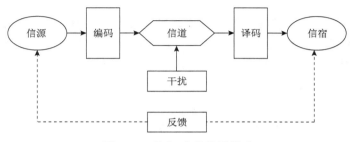

图 2-11　香农-韦弗传播模式

---

① 何克抗. 建构主义——革新传统教学的理论基础(上)[J]. 电化教育研究，1997，(3)：25-27.

以传播理论为基础建立起来的教育传播理论主要包括：教育传播过程和模式的理论、教育传播信息理论、教育传播符号理论、教育传播媒体理论以及教育传播效果理论。这些理论对学习资源的设计、开发、运用、管理与评价均具有直接与重要的指导作用。[①]

4. 一般系统理论

一般系统理论认为，教学过程是一个由教学目标、教师、学习者、媒体等构成的相互作用的运动过程，是一个多因素、多层次、多功能的复杂系统，所以教学设计必须以系统的方法为指导，系统科学方法论也是教学设计的理论基础。这属于方法论层面的内容。

第二节　ASSURE 模式应用

一、ASSURE 模式应用的实践经验

对 ASSURE 模式有了系统的了解之后，思考一下：如何把它应用在教学之中呢？ASSURE 模式应贯穿到教学设计的各个步骤中，具体如下。

1）分析学习者特征。可以通过设计一些简单的问题，了解学习者的基本情况。例如，3D 建模课的教学设计，先要初步了解班上哪些同学接触过这个软件，然后了解学习者的先验知识水平。对于已经开设了 3D 打印课程的中小学，应基于学习者已有的水平对教材的内容进行适当的拔高和拓展。

2）陈述教学目标。教学目标一定要是可操作的，而且要控制目标数量，五个以上是不切实际的，一般来说，一节课两到三个教学目标比较合适，目标一定要可测量、可检测，且与课程内容相关，例如，目标"了解建模"，就是要求学习者能够熟练掌握建模的要求。教师在教学过程中可以根据目标进行比对，看学习者是否达到所要求的目标。

3）选择教学媒体和材料。在上课前教师需要准备各种各样的资源。对于高中的课程，在新课标出台之后，相关的教材和资源比较稀少，教师备课时就需要考虑创建新的资源，同时，也要有针对性地对教材进行二次改写，使用最新的案例来增强课程内容的时效性。

4）运用媒体和材料。根据教材的内容应用教学材料开展教学。在三维创意设计中，为了让学习者提出一些好的想法和巧妙的构思，这时候可以让学习者使用

① 李运林，曾艳. 教育传播理论是教育技术的基本理论[J]. 电化教育研究，2006，（1）：10-12，36.

思维导图。有很多工具可以用来绘制思维导图，例如纸笔、网站、手机应用等。因此，我们可以根据教学环境和教学材料，选择、利用合适的教学媒体和材料，有时也可以根据相关的教学内容做些改变和调整。

5）要求学习者参与。这一步很容易被忽略，要充分考虑学习者在教学中的参与程度，增强与学习者的互动。这就对教学活动设计提出一定的要求，教学材料也不是越多越好，而是要求学习者充分利用教学材料来参与教学活动，在身临其境中把知识点理解透。让学习者在做中学，有思考、有行动，这样教学效果也会更好。

6）评价和修正。这一步在阶段性或者学期末进行。评价和修正最重要的目的是认可和激励。在评价前，让学习者知道什么是应该做的事情，促使每个学习者的成果得到认可，从而受到激励。如果在课堂上学习者进行了讨论，则需要一个评价量规去衡量学习者讨论的结果。对于学期末的作品，可以以小组为单位进行组内自评、互评，最终每个小组推选出一到两个优秀的作品，将所有的优秀作品统一评价，评出小组间的优秀作品。小组之间的评价，能让学习者欣赏到别人的成果，促进自己的发展，也能让教师看到各组之间的差异。

二、ASSURE 模式应用的案例分析

案例一

众所周知，微积分是大学里最难的课程之一，由于其较抽象，一提起它，不少大学生不禁皱起眉头。在某大学，提起这门课，学习者们却会兴奋起来，因为一位姓苏的微积分老师将娱乐融入微积分教学，使这门课不再枯燥，学习者不仅能欣赏到流行音乐，还能听到有趣的段子。例如，他用爱情来讲解偏导函数：你喜欢的那个人的一切变化都会引起你的关注，"他"是你眼中唯一的变量，其他人都变成了常数。苏老师还用演员大方承认恋情来解释显函数暴露于天下的本性，隐函数则用某偶像很早就结婚了而没有对外公布这件事来讲解。为了满足学习者的学习需求，苏老师特意开了微博，每天早晨 6 点起床，第一时间刷微博，回答大家的问题。本着有问必答、来者不拒的原则，苏老师的微博粉丝量大增，成为该学校最受欢迎的老师之一。

苏老师改变了 ASSURE 模式中的哪一步？ASSURE 模式在传统课堂中会采用如表 2-1 所示的一般手段，而苏老师在教学媒体和材料的选择中结合现代学习者最常用的信息交流工具——微博，激发学习者的学习兴趣，且做到课上课下均能探讨微积分知识。在媒体材料的选择利用方面，苏老师使用了娱乐新闻，使抽象的知识变得具象，更加通俗易懂，加深了学习者对课程的喜爱程度。

表 2-1　ASSURE 模式在课堂中的使用

ASSURE 模式	一般手段	方法的改进
A	调查问卷、访谈	
S	条目呈现	
S	教师讲授	微博
U	黑板、PPT	将娱乐融入微积分
R	问答、练习题	
E	阶段性测试、期末考试	

案例二

前面苏老师微积分教学的实例并没有用到 ASSURE 模式的全部过程，如果一整节课全部用到 ASSURE 模式，应该怎样设计教学？下面的课程案例来源于作者授课时学生的小组汇报。

这节课的教学目标如下。

1）知识与技能目标。学习者能独立说出 VR 的含义和特征，了解 VR 的应用。

2）过程与方法目标。学习者能通过课程学习与体验 VR 技术，独立辨识 VR。

3）情感态度与价值观目标。培养学习者对 VR 的兴趣和服务社会意识，学习运用 VR 技术解决实际问题，并设计应用方案。

请设想一下，如果你是这节课的老师，将如何运用 ASSURE 模式来设计你的教学方案？

我们选择的教学对象是一所重点高中的高一学生，我们可以这样来设计教学活动。

1. 分析学习者特征

该阶段学习者的一般特征为：有较强的阅读理解能力；班上男女生比例相近；年龄在 15～16 岁。

关于学习者的已有知识：学生对多媒体技术的概念和特征有一定的了解，通过多种渠道了解过 VR，有简单的动画技能、信息检索能力和多媒体信息规划和组织能力。

关于学习者的学习风格：表现出对 VR 技术的兴趣，有动手尝试的意愿等。

2. 陈述教学目标

这一步在题目中已经明确要求，此处略过。

3. 选择方法、媒体和材料

使用以学生为中心的教学策略，以协助学习的方式，在教师的引导下学生通过独立学习、小组合作学习两种方式对课程内容进行讨论、探索与解决；教师提供 VR 眼镜以及应用于人类工作、学习和生活中的 VR 模型，让学生通过体验了解 VR 的应用情况。

在教学中的具体的实施如下。

在初步了解阶段，老师播放录制好的采访视频，学生自主分享接触过 VR 的经历。随后老师继续播放交互视频，利用视频播放未来的 VR 世界片段，并给学生分发讲义。

接下来讲述 VR 的概念、特征和应用：①老师利用 PPT 和讲义，向学生讲述 VR 的概念、特征，给学生播放《VR 之歌》；②向学生展示 VR 星球模型，分发 VR 眼镜，让学生体验 VR；③让学生利用平板电脑分组查阅 VR 的含义、特征、应用，并在电子白板上绘制思维导图；④老师请两组学生展示思维导图，其他小组进行补充，老师做最后的点评总结。

这节课选用的技术与媒体有计算机、投影仪、音响、VR 眼镜、电子白板、平板电脑；材料有 PPT、预习微课、采访视频、交互视频、思维导图、歌曲、文本材料等。

4. 运用媒体和材料

在这节课中，预习材料有微课和 PPT，准备的材料有一系列课堂问题和量规；在环境的准备上，保证每台设备都能正常运行，且为了提高学习体验，为学习者提供了 VR 眼镜和小组合作的机会。

5. 要求学习者参与

这节课中，学生主要通过自主分享、体验 VR 眼镜、小组合作解决问题、绘制思维导图以及上台汇报等的方式参与到课堂中。

6. 评价和修正

老师从学生的分享积极性、参与度、思维导图和小组汇报质量上对学生的成就进行评价；评价策略是对学生进行前测和后测以及教师对学生进行访谈；对于技术和媒体的评价主要是基于学生访谈来评定的。

案例三

如果把 ASSURE 模式应用于英语学科，应该如何进行教学设计？

本案例来自《义务教育课程标准实验教科书 英语（PEP）》小学英语三年级上册 Unit3 Part A Look at Me。

这节课的学习目标如下。

1）知识与技能目标。学习者通过对本课程的学习，能够正确听、说、认读并书写本单元中的核心词汇，如身体部位的单词（head，face，nose，mouth，eye，ear 等）。

2）过程与方法目标。学习者通过对本课程的学习，能用比较标准的发音熟练说出对应身体部位的英文单词，能在同伴之间相互介绍自己的身体部位，听到相应的单词能够快速反应出其含义。

3）情感态度与价值观目标。学习者能够通过游戏增进和同学之间的友谊，提高协作和表达能力，对英语的学习兴趣更加浓厚。

同样，思考一下，如何运用 ASSURE 模型来设计教学活动？

我们选择的教学对象是小学三年级的学生。

1. 分析学习者特征

该阶段的学习者年龄在 8～9 岁，男女比例相当，心理成熟度还不够，理解能力还比较弱，但有用英文进行简单的日常问候、询问对方姓名的能力，能够用母语说出大概的身体结构。在学习风格上，学习者喜欢活跃的课堂，更偏向于视听型材料，喜欢通过游戏来学习。

2. 陈述教学目标

略。

3. 选择方法、媒体和材料

在教学策略上，选择以学习者为中心的教学策略，在教师的引导下，学习者通过唱歌和游戏掌握知识。同时选择小组合作学习的方式；教学方法使用讲授法、演示法。

采用的技术与媒体有平板电脑、计算机、投影仪、音响；材料有 PPT、视频材料、纸质打印的图片和文本材料。

具体实施中，首先播放英语儿歌，其中包含了本节课要学习的单词和句子，激发学习者的学习兴趣，然后教师引导学习者进入单词学习阶段，讲授结束后学习者以小组合作的方式参与小组游戏，采取小组累计分数的方式，最后教师给各小组相应的奖励。学习完知识后，学习者使用平板电脑完成 Storyline 软件设计的练习题，帮助学习者实现知识的迁移。

4. 运用媒体和材料

关于预习，教师课前让学习者预览 PPT，熟悉所用的影视材料。准备如下材料：相应的问题、给学习者的礼物、测试题、问卷等。课前保证环境中的设备都能正常使用，为了提高学习者的学习体验，教师为学习者播放英文儿歌，组织学习者参与小组游戏并用平板电脑做习题等。

5. 要求学习者参与

本节课学习者通过自主发言、小组游戏、学唱儿歌的方式参与到课堂中。

6. 评价和修正

教师从学习者的发音的准确性、学习者对于所学内容的反应能力、学习者上台表演的主动性和积极性、学习者答题的准确性对学习者进行成绩评定。

然后通过图形化问卷，调查收集学习者对这堂课使用媒体和资源的看法，用这种方式来评价教学策略、技术和媒体。最后对不足之处进行修正。

第二部分

环 境 篇

第三章 21世纪的学习环境

学习目标

1）区分以教师为中心的教学策略和以学习者为中心的教学策略。

2）区分本章描述的教学策略类型。

3）了解如何选择和使用适当的教学策略、技术、媒体和材料，以在不同学段的学习环境中实现21世纪的学习。

4）解释将不同材料整合到教学中的价值。

本章结构图

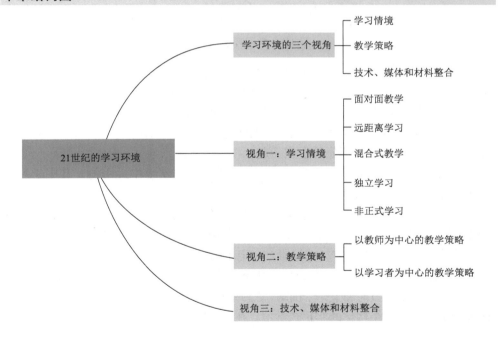

第一节 学习环境的三个视角

在前面的学习内容中，我们介绍了什么是学习，并基于学习理论解释了教学的概念，认识了教学的不同理论流派，进而继续从学习空间、课堂互动、工具应用等三个方面说明了技术支持下的教学。

在本章，大家可以"潜入水中"，继续探讨学习下的学习环境。这个层次与之前的学习、技术、教学三个概念相比较，属于低层次的概念。针对如何看待学习环境这一问题，我们可以从学习情境、教学策略以及技术、媒体和材料整合三种视角分析学习环境（图 3-1）。

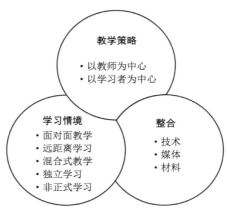

图 3-1　学习环境的组成

对于学习环境而言，教学可以改变或操控学习环境。从图 3-1 中可以看到，学习环境由三部分组成。如果只从学习情境看学习环境，只能看到静止的物体或者对象；只从教学策略看学习环境，只能看到活动。所以应将其整合在一起，既要有静止的学习情境，又要包含动态的教学策略，这就需要通过技术、媒体、材料三种不同的视角将两部分整合在一起。

在三种视角中，情境比策略更高一级，策略是在情境中运用的。其中学习情境分为五类，教学策略则分为两类。

在五类学习情境中，前三类学习情境比较常见，也比较好理解，但后面两类学习情境的含义比较晦涩。独立学习，翻译成英文为 independent study。简单地说，就是学习者拿着准备好的教材、练习册，自定步调进行学习。independent 就是指学习者不依靠教师，独立自主地学习。此外，其他相关资料还提到了 structured independent study——在独立学习前加了一个前缀，意为结构性的独立学习。非正式学习（informal learning）也叫作非结构化的非正式学习。在下面的小节中，将具体展开说明。

第二节　视角一：学习情境

一、面对面教学

面对面教学（face-to-face instruction）是最普遍的，无论是师徒制还是授课制，都是面对面的（图 3-2），它的形式广泛，所运用的教学方法也比较多。

图 3-2　面对面教学

　　面对面教学情境下最常见的教学组织形式就是班级授课制，教学模式通常是"传递-接受"模式，其基本过程如下：①激发学习动机；②复习旧课；③传授新知识；④巩固和应用；⑤检查和评价。这种模式基本上是以教师为中心的，其优点是有利于发挥教师的主导作用，有利于教师组织和监控教学活动的全过程，有利于师生之间的情感交流，有利于科学知识的系统化教学，并且可以充分考虑情感因素在学习过程中的重要作用。然而，这种模式也有一些不容忽视的缺点：教师完全主宰了课堂，忽视了学习者的认知主体作用，这不利于具有创新思维和创新能力的创造性人才的成长。

　　当然，除了"传递-接受"教学模式，面对面教学情境也会采用其他模式，如小组合作学习、支架式教学等。在整个教学过程中，教师和学习者都可以立即看到对方的神态和表情。如果学习者观察到教师的同步反应，也可以随时提问和讨论学习问题。对于某些技能操作或技巧学习的培训内容，教师可现场进行示范、讲解，学习者也可以在老师的现场观察下进行模仿、练习，双方都可以得到及时的反馈。教师甚至可以在学习者学习积极性高的时候，针对其学习情况当面作出指导、点评、纠正、释疑等，提高面对面教学的有效性。

　　总之，面对面教学具有强烈的存在感和丰富的媒体设备，这非常有利于现场和同步的双向交流。对于一些技能较高、较复杂、较具体、受环境影响较大的培训内容，选择面对面的教学情境可以达到更好的教学效果。同时，与其他不受空间和时间限制的学习情境相比，强调学习者吸收、消化、牢记、熟练、理解教学内容的课程在面对面教学情境下实施教学似乎更为恰当。

二、远距离学习

远距离学习（distant learning）具有一个重要的特征：师生时空相对分离，即教师和学习者不在同一个地点，其中学习者的学习空间可能是由多个部分组成的。其中有两个关键点：①师生不在同一空间，也就是说学习者在一个位置，而教师和同伴在另一个位置。例如学习者在慕课等平台上进行网络学习时，在线学习者不在同一地点，彼此之间互不相识，但是可以通过平台看到其他学习者递交作业、讨论问题的情况，这就是一种远距离学习。②虽然教室被分成了许多部分，但是师生共享资源。学习者在浏览网络资源时，他所处的地点是一个本地学习室，然后在网上还有视频点播区、资源共享区、交流讨论区等。由此可见，在远距离学习中，教室的含义被扩展了。

这里举几个真实的例子。图 3-3 是湖北省恩施土家族苗族自治州的利川市团堡镇牛栏坪教学点。从图中可以观察到，这个班里有些孩子的年纪是比较小的，但有些孩子年龄稍微大些，也就是说一个班的年龄是参差不齐的，可能小一点的孩子属于一年级的学习者，个子高的孩子属于高年级的学习者，但他们都坐在同一间教室里。由于学习者人数较多、师资力量不够，学校无法开设多个教学班，于是这种教学环境成为一个教学点。

图 3-3　恩施州利川市团堡镇牛栏坪教学点

再来看一个真实的例子，如图 3-4 所示。在湖北省咸宁市咸安区二号桥小学（现在学校名称改为咸宁市第五小学），这是一所比较好的学校，是当地的一所重点小学。该校教师在上课时会利用同步课堂系统跟其他两个教学点的学习者进行同步授课，将实时授课视频传输到另外两个教学点，使距离30多km的两个教学点能够同步接收该课堂的学习内容。对于某些在这两个教学点开设不了的科目，通过这种同步课堂的方式将教学内容传递给远距离学习的学习者。这是一种非常好的策略，能够让学习条件差的学习者也能享受到同等的受教育机会，这也是远距离教学的突出优势。值得注意的是，技术在异地同步课堂中发挥了巨大的作用，如果没有"同步"、"传递"和"反馈"的技术，教学点的孩子们可能就很难获得学习更多科目的条件。

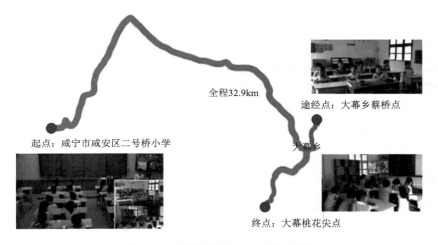

图 3-4　远距离学习——同步课堂

以上是市区小学和乡镇小学之间的同步课堂。有的课程老师，如音乐老师，只有中心学校才有，教学点没有。如果中心学校和教学点开设同步音乐课堂，在"合唱环节"中很容易出现"二重唱"的情况，为避免这种情况，就出现了另外一种形式——"专递"课堂，中心学校专门开设一门课程给教学点传递过去，即教师在本地不带学习者，专门为教学点的学习者上课。在中心学校上课的老师并不是在真实的课堂，她的面前没有学习者，给教学点的孩子们用的是录课视频，中心学校教师和学习者不在同一空间，也不在同一时间。

以上就是远距离学习的两种典型类型——同步课堂与"专递"课堂。

三、混合式教学

混合式教学[①]（blended instruction）是传统教学与网络化教学优势互补的一种教学模式，它将同步和异步相结合，是将在线教学和传统教学的优势结合起来的

---

① 张其亮，王爱春. 基于"翻转课堂"的新型混合式教学模式研究[J]. 现代教育技术，2014，24（4）：27-32.

一种"线上"加"线下"的教学模式。学习者在线上观看微视频，属于远距离学习：一是因为学习者和教师是分开的，不在一个物理空间，二是教师提供的微视频是提前录制好的，学习者并非实时观看，而是异步观看。这就使得远距离学习和面对面教学结合在一起，同步和异步进行混合，因此称为混合式教学。

单纯的在线学习（online learning）会使学习者在学习过程中感到孤独，也容易放弃学习，而传统的教育教学方法已经不能满足学习者多样化的学习需求。因此，有必要充分发挥在线学习和面对面教学各自的优势，以达到互补的效果。

传统的混合式教学是在线学习和面对面教学的混合体，与单纯的远距离学习或面对面教学相比，学习者将具有更高的学习积极性和更好的学习效果，其中关注度最高的一种形式是翻转课堂。翻转课堂的核心理念是颠覆传统的教学模式。在课前阶段，学习者在家里使用教师提供的视频和相关资料进行学习，课堂中的时间则被学习者用来解决问题，深化习得的概念，参与合作学习。翻转课堂与网络课程不同，在线视频课程是翻转课堂实施过程的重要组成部分，教学视频可以代替教师部分的工作，但不能完全代替教师，在翻转课堂里，老师和学习者之间有真正的互动。

四、独立学习

独立学习（independent study）也称为结构性的独立学习，指的是教师先准备好结构化的完整教学内容和材料，学习者按照自己的步调独立学习，因为每个学习者的学习步调不同。

独立学习这个概念最初是由美国学者查尔斯·魏德迈（Charles Wedemeyer）于 1971 年提出的[①]。独立学习包括多种形式的教学安排，其中一种形式为学习者和教师彼此分离，他们以各种方式进行交流，以完成他们的基本任务和职责。独立学习能够把校内学习者从不适当的学习进度或模式中解放出来，也能为校外学习者提供在他们自己的环境里继续学习的机会，同时促进所有学习者自主学习能力的发展。由独立学习的定义可以看出，它包括了两种教育形式：校内学习者的学习和校外学习者的学习。独立学习的目的是能够让校内外学习者都可以按照自己的学习进度进行学习，并由此提供给学习者自我指导学习的机会。

魏德迈认为："独立学习是以各自不同名称进行的教与学活动范围（函授学习、开放教育、广播电视教育、个别化学习）的总称。"[②]独立学习的概念源于对传统教育的批判，魏德迈认为传统教育已不能满足社会发展所提出的教育需求，那些

---

① 罗琳霞，丁新. 查尔斯·魏德迈远程教育理论与实践研究[J]. 中国电化教育，2005，（3）：39-43.

② Wedemeyer C A. Learning at the Back Door: Reflections on Non-traditional Learning in the Lifespan[M]. Madison: University of Wisconsin Press, 1981.

被传统教育拒之门外的学习者可以选择独立学习这种方式进行学习。独立学习意味着学习者可以自由选择接受教育的方式。独立学习应该是学习者自主选择学习目标的、自我安排的、个性化的学习。

五、非正式学习

前面四种学习情境均属于正式学习，与之对应的第五种叫作非正式学习。与其他学习不同，非正式学习的内容不是预先规定好的，学习者不具体规定自己想学什么。当学习者进入某一个学习空间，这一学习空间的环境是随机的，可能在任何地点，如走廊里，花坛边。有些内容突然激发了学习者的兴趣，让学习者想要进一步地深入了解，这就是非正式学习。通常情况下，班级授课绝不可能是非正式的，因为教学内容是固定的，教学目标也是明确的。因此，非正式学习强调的是目标不定、内容不定、随机发生。

这里也举一个有趣的非正式学习的例子。某位大学教授去参观博物馆，想去观赏越王勾践剑，但一进入馆内，他却被另外一件东西吸引住了，这件东西叫作曾侯乙编钟。

通过讲解员的讲解这位教授得知，曾侯乙编钟是中国目前最完整、音域最广的编钟；根据《关于印发〈首批禁止出国（境）展览文物目录〉的通知》（文物办发〔2002〕5 号），它还是我国首批禁止出国（境）展览文物目录中入选的 64 件文物之一。随后这位教授就开始好奇这个编钟的声音到底是怎样的，因此他在网上搜索它的相关资料，果真找到了曾侯乙编钟的演奏音频。其实该教授的本意是去观赏越王勾践剑，但在无意中看到了曾侯乙编钟后，对它产生了兴趣，这就是一次非正式学习的经历。在他的这段经历中，并没有指定"曾侯乙编钟"这个学习内容，但当他来到特定的地方，学习就自然地发生了，学习的内容是随机的，学习的目标也是随机的，这就是非正式学习。

第三节　视角二：教学策略

本节内容将抛开非正式学习情境，关注正式学习情境下的两类教学策略，第一类是以教师为中心的教学策略，它包含了 4 种类型；另一类是以学习者为中心的教学策略，它又可以分为 6 种类型。

一、以教师为中心的教学策略

（一）演讲

演讲（presentation）经常是面向全班的。由于每个学习者感兴趣的点不一样，可能导致部分学习者感到很无聊，或无法理解。这种现象可能的原因有两个：一是学习者没有前驱知识，且不擅长记笔记，所以理解起来有困难；二是教师在演讲时不会给予更多提示，学习者需要根据自己的理解提取关键信息。另外，演讲这一教学策略对教师也提出了更高的要求，教师需要吸引学习者的注意力。比如在演讲中可以用一些网络用语等贴近学习者生活的语言，以及正反对比实例，还可以讲一些亲身经历的故事。学习者之所以对一些教学内容不感兴趣，是因为这些内容与其没有关系，一旦课程内容与其有关系了，他们就会很感兴趣。这也印证了加涅九大教学事件的第一大事件：引起注意。

演讲者在演讲时要先预设互动，例如，假设演讲者说完某句话或陈述某个观点之后会有人鼓掌。因此，以教师为中心的教学策略并不是单纯的教师讲授而没有任何互动。以教师为中心的策略也可以收到好的教学效果，关键是要考虑怎么设计、怎么引入、怎么结构化、如何导入讲授的主题，以及如何展示给学习者。

演讲会运用各类媒体提供或展示信息，这些媒体包括教室、教科书、互联网站点、音频、视频和同伴等。上述媒体的优点和局限如下。

1. 优点

1）只需对所有的学习者进行一次演示（demonstrations）。

2）学习者可以使用许多不同的笔记策略来捕捉所呈现的信息。

3）技术和媒体资源可以成为最新信息的高质量来源。

4）学习者可以向全班或小组展示他们所学到的信息。

2. 局限

1）并不是所有的学习者都能很好地响应演示策略来学习知识，因此，需要包括不止一种表达内容的方式（例如，阅读、听力或观看视频）。

2）没有互动，演讲可能会很无聊。可以通过问问题或对话的方式来维持与学习者的互动。

3）学习者需要学习如何记笔记以从演讲中获益。例如，提供一个部分完成的笔记，帮助学习者构建框架，同时减少做笔记花费的精力。

4）年龄较小的学习者可能难以坐着听完冗长的演讲，所以根据学习者的年龄和注意力水平来调整演讲的时间是很重要的。

（二）示范

示范（demonstration）的对象可以是全班、小组和个人，学习者的主要行为是观察而不是动手。化学、物理等实验课上经常使用示范教学策略，演示实验在高中教学中的作用是不可估量的，合理的实验可以激发学习者的学习热情，也会给他们带来很大的启发。学习者不仅可以学习，还可以按照教师的理念进行一些课外探究，这种示范教学策略是现代教学的需要，也是培养时代人才的正确途径。

在进行示范时，应避免一些误区。例如，在进行演示实验时，不应该过分关注实验现象和结果，而应该更多地关注实验过程和方法。教师在课堂演示实验时不应该偷工减料，没有必要刻意使用先进的设备，没有必要"夸大"实验现象，应如实地展示实验过程。对于实验可能产生的结果应该在授课之前就预料到，并给出相应的科学解释。此外，教师不应只注重演示操作而轻视对学习者的观察和指导，如果老师演示时"手动嘴不动"就很容易导致学习者观察得不认真，难以达到示范的目的。如果缺乏观察的目的和准确性，学习者则难以捕捉到现象，不会思考前后变化的联系。因此，教师必须发挥主导作用，明确观察的目的，使学习者专注于目标。这就要求教师具备演示技能，能讲演结合，吸引学习者。

示范策略也有优点和局限性。

1. 优点

1）学习者先观察示范，然后再自己动手做。通过观察和实践，学习者能学得更加深刻。

2）教师可以同时引导一个班的学习者完成一项任务。

3）示范可以让教师在使用腐蚀性材料或危险设备时控制对学习者的潜在危险。

2. 局限

1）除非学习者跟随在老师的示范步骤或技能的过程中，否则他们不会获得直接的实际经验。

2）每个学习者对示范的看法和重视程度不同，可能会导致有的学习者忽视一些步骤及其注意事项，可以使用一个文档记录示范的过程，让学习者可以随时查阅。

3）并非所有学习者都能跟上教师示范的进度，可以录制示范过程视频，让学习者根据需要回顾演示。

（三）操练

操练（drill-and-practice）也是经常使用的一种教学策略。小学生学习加减法时，老师会给学习者课后布置一些练习题进行训练，现在有了媒体、技术之后，可以通过机器辅助操练。这样布置的课后习题能够为答题者提供及时反馈，如图 3-5 所示。

图 3-5　操练

目前还有许多操练与练习型的计算机辅助教学（computer assisted instruction，CAI）系统。它们的核心是通过计算机的反馈，强化、促进学习者形成正确的反应行为，所提供的教学方式是逐个或分批地向学习者提出问题，当学习者作出回答后，由计算机对学习者的回答作出判断并给予相应的反馈信息，这个反馈信息作为强化物对学习者的正确回答予以鼓励，以强化其记忆与正确操作；对学习者的错误回答予以否定及提供适当的帮助后呈现有关问题，要求学习者作应答反应，直至学习者掌握了有关知识和技能。这类课件的教学方式通过大量的提问—回答—判断—反馈，使学习者建立起问题与答案之间的牢固联系，即刺激—反应的联结，从而使学习者掌握有关知识与技能技巧，帮助学习者复习巩固已学的知识，是计算机化的"题海战术"。由于这类课件采用了及时反馈、"小步子"等方式，在学习者掌握、记忆知识与形成技能、技巧的训练中取得了一定的教学效果，但这类课件对学习者学会学习、学会思考的能力并没有进行有意识的培养。教师在使用操练策略时应该考虑学习者的技能水平是否与挑战难度平衡，采取循序渐进的教学方法。

由此可见，操练策略具有提高学习者对学习内容的熟悉程度、在教师教学过程完成后发生、必须包含反馈等特点。其优点和局限如下。

1. 优点

1）学习者可以及时收到关于他们回答的反馈。

2）信息分块呈现，允许学习者用小块的复习材料。

3）实践建立在小块的信息基础上，给予及时的机会去通过积极的方式尝试获取新知识。

2. 局限

1）并非所有的学习者都能很好地应对反复操练的本质。教师要注意限制练习的时间和次数，避免学习过程过于单调。

2）有些练习用的材料太多，会使学习者无从下手。解决的办法是审查内容，只分配相关的材料。

3）如果一个学习者在操练过程中不断犯错误，继续使用"演练"材料无助于学习者学习。这就需要教师跟踪学习者的学习进度，如果学习没有进步，就可以使用不同的干预手段。

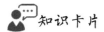知识卡片

自适应：在处理和分析数据过程中，根据处理数据的数据特征自动调整处理方法、处理顺序、处理参数、边界条件或约束条件，使其与所处理数据的统计分布特征、结构特征相适应，以取得最佳的处理效果。

（四）辅导

辅导（tutorial）策略是一种比较常见的教学策略。互联网的出现促进了教育环境的进一步提升，可以将传统教学中对学习者的学习诊断和辅导延伸到互联网上。在传统的面对面教学中，教师的主要职责是传授知识，为学习者提供学术指导。在远程学习环境中，由于教与学的时间和空间的分离，学习者将面临更多的困难，包括管理困难、教学困难、技术困难、心理困难等。因此，在网络辅导中，辅导教师必须承担多个维度的责任，包括管理维度、教学维度、技术维度和社会维度。然而，在辅导教师的众多功能中，最重要的是教学维度的功能，即对学习者的学习困难提供相应的教学支持和指导，从而促进学习者顺利完成网络学习。尽管在线辅导的策略与传统课堂教学（面对面辅导）的策略有着很大的不同，并且也对教师提出了更多的要求，但无论是在线辅导还是面对面辅导，"问题解决"始终是辅导教师的必备技能之一。辅导教师必须能够"理解"学习者的问题，并确定哪些是清晰明了的，哪些是晦涩难懂的。如果有隐含的问题，那么学习者真正想问的是什么？这些都需要教师通过聆听做出清晰的识别，才能在此基础上正确识别出学习者的困难和需求，也才能进一步做出恰当的反馈。

当今比较热门的网络一对一在线辅导课程，要求在教师与家长协商好的在线辅导时间里，教师、学员同时上网进入创建好的课程学习空间。教师不仅可以通过文字、语音聊天方式，为学员讲解学习内容、指导学习、解答问题，还可以把电脑屏幕作为电子白板，在上面展示文字、图片、动画等教学资料。整个教学辅导答疑过程的文字、图片等资料还可以通过永久保存聊天记录功能保存在软件中，让学员事后反复浏览，或者是供在约定时间里没有上网的学员浏览学习。学员在多媒体计算机上听教师讲解的同时，也可以随时通过语音、聊天文字显示框向教师提出问题，寻求帮助。

　　另外，网络即时通信工具也在远程教学辅导中得到了有效应用。例如在安装有语音设备的多媒体计算机上，教师可以利用腾讯 QQ 软件的语音聊天功能进行讲解式语音教学辅导。这不仅能让学员亲耳听到教师的教学指导、辅导答疑，而且可以加强师生之间的互动，方便同学间的相互交流，是传统远程教育支持媒体所不能实现的。教师还可以通过摄像头将自己的视频信号传送到学员方的显示屏上，这使学员不仅能够听到教师的声音，还能看到教师的形象，产生身临其境的感觉，能增加亲切感，促进教师与学员的交流。

　　综上所述，辅导通常是一对一的，需要处理大块的信息。其优点和局限如下。

　　1. 优点

　　1）学习者可以独立完成新材料的学习并接收有关他们学习进展的反馈。

　　2）学习者们可以按照自己的节奏学习，如果他们需要复习，可以梳理已有的知识框架，查漏补缺，然后继续学习下一节内容。

　　3）以电脑为基础的辅导课程能够回应学习者的输入，指导他们学习新的主题，帮助学习者在掌握内容时，或在需要复习时进行补救活动。

　　2. 局限

　　1）如果课程遵循单一的模式（缺乏变化），那么重复就会使课程变得枯燥乏味。

　　2）如果学习者在辅导的过程中没有取得进步，他们可能会感到沮丧。需要给学习者使用与他们能力一致的学习辅导材料。

　　3）缺乏教师的指导可能意味着学习者不能有效地阅读教材。为了避免这种情况，教师在使用辅导策略时必须仔细地选择和提供持续的支持。

　　最后，需要提醒读者的是辅导与操练的区别：辅导有新知识的获取，而操练只是对旧知识的复习。

二、以学习者为中心的教学策略

（一）模拟

　　模拟（simulation）是一种以学习者为中心的教学策略。学习者可以利用模拟器获得不能在真实世界里获得的体验，模拟可以在整个课堂中实施，也可以存在于小组学习中（图3-6）。模拟的动态视觉化改变了探究对象的抽象层次，有助于语言表征与非语言表征结合。依据戴尔（Dale）的经验之塔理论，学习者在真实环境中的探究活动处于最底层的"做的经验"，教师需要引导他们逐步形成抽象的认识。由于学习者的个体差异以及教师的能力差异，学习者的认识转化水平参差不齐，教师面临着指导的困难。相比之下，模拟软件创设的探究环境以"观察的经验"为主，跨及"做的经验"（设计的经验等）和"抽象的经验"（视觉符号、言语符号），并且能够实现抽象层次之间的自由转换，便于引导探究活动。认知心理学研究表明，大脑处理和加工信息是言语与图像并用的，系统地结合两种表征物的教学能明显增加学习者的理解和保持①。

图3-6 学习者在 VR 仿真模拟环境下开展学习

需要指出的是，模拟不一定要通过机器才能实现。角色扮演也是一种模拟，是一种人为的模拟。

角色扮演这种模拟经常用于英语口语教学中。心理学研究表明，兴趣、情感和教学是相通的，从心理学的观点出发，任何新奇的东西都容易成为注意的对象，而刻板的、千篇一律的习惯和刺激就不易引起注意②。通常说的好奇心，正是对种种新奇刺激的注意。在英语课堂教学中，这种新奇的刺激可以是形式多样的教学方法，角色扮演就是一种理想的教学方法，它就是从心理学的这一原理出发，抓住学习者活泼好动、记忆力好、模仿能力强等特点，用种种生动活泼的表演形式将学习者引向一个妙趣横生的英语世界，诱导激发学习者的积极情绪，达到教学的最佳效果。英语作为一门语言，学习它的目的就是让学习者学会如何运用英语进行交际，而不仅仅是懂得一点语言知识。在课堂教学过程中，教师应恰当地运用形体语言器官创设情境，充分调动学习者眼、耳、口、手等多种感官，通过视、听、说来解决由母语到英语的"心译"过程。

模拟这种教学策略的优点和局限如下。

1. 优点

1）模拟策略提供了一种安全的学习方式。

---

① 艾森克，基恩. 认知心理学[M]. 高定国译. 上海：华东师范大学出版社，2009.
② 罗伯特·斯莱文. 教育心理学[M]. 姚梅林译. 北京：人民邮电出版社，2004.

2）重新创建历史，如角色扮演某种历史人物。

3）所有能力水平的学习者都能够亲身体验。

2. 局限

1）当模拟是艺术家的表演而不是一个事件的视频或照片时，可能并不能真正代表实际事件。

2）对于课堂环境来说，模拟可能会变得太复杂或过于激烈。可以在使用前回顾所有的模拟，并且只整合相关的部分。

3）可能需要比较多的时间来完成一场模拟。

（二）讨论

讨论（discussion）经常是在组内进行的，成员数量不定，就某个新话题展开，讨论过程中，学习者们进行头脑风暴，它为新观点的产生创造了条件。在已形成的新知识结构的基础上，教师通过引发事实性、解释性和评价性问题的讨论，促使学习者积极地思考，激发学习者形成自己的观点，减轻了学习者的被动性及对记忆的过分依赖，并可以在讨论中通过积极地思考问题，得到某种结论来完成新知识的内化和建构。讨论需要在教师的指导、训练下，通过较高水平的思维活动来实现。

网络环境下的在线讨论成为保障教学交互、教学质量的重要手段，对教师也有较高的要求。教师在整个在线讨论中，扮演着多种不同的角色。在讨论的开始阶段，教师作为活动的发起者，要向学习者阐明规则，表达活动的期望值。在讨论的过程中，教师作为指导者，需要密切关注学习者的言论，有效控制主题的聚合度，以免"离题万里"，随着讨论的展开，教师的这种"引导"角色要逐渐消失，防止限制学习者的思维。在讨论进展困难时给予学习者一定的鼓励和指导，提示他们应该查阅什么资料，并促进主题讨论的进一步深化。在这个阶段，教师作为学习同伴，要积极地参与到学习者的讨论之中，同时激励"旁观者"勇敢地从"幕后走到台前"表达自己的见解。教师作为整个活动的组织者，通过构建学习社区等方式营造一个轻松、乐于表达的学习氛围，鼓励学习者深入挖掘材料，建构新材料和原有知识之间、新材料内部要素之间的联系，强调从多个角度探究讨论主题。最后在进入另一个主题之前进行必要的总结。

综上所述，讨论的优点和局限如下。

1. 优点

1）对学习者来说，讨论比坐着听别人告诉他们事实更有趣。

2）讨论可以激发学习者思考并运用他们已经掌握的知识。

3）讨论为所有的学习者提供表达自身观点的机会，而不是只回答老师几个问题的机会。

4）讨论可以把新的想法引入到信息呈现中。

2. 局限

1）在讨论过程中，学习者不一定都参与进来，这就要求教师确保每个人都有参与过讨论。

2）当讨论的主题已经超出了学习者知识边界的时候，讨论是低效的。

3）为了引起讨论而提出的一些问题，对于学习者来说可能很难根据他们的知识水平来考虑。

4）对于没有老师指导的年龄较小的学习者来说，讨论可能不是一个有效的策略。

（三）合作学习

合作学习（cooperative learning）也称协作学习，其有效学习的关键在于小组的每个成员都能分配到角色并承担起自己的责任，组长可能起到非常重要的作用（图 3-7）。合作学习通常以小规模的群体形式出现，在正式或非正式的学习情境中都能够被实施。小组合作学习可以加强小组成员之间的互相合作、讨论以及学习，促进学习者信息加工能力以及人格的完善。按照认知结构特点，人们对信息的加工可以分为场依存型和场独立型两种类型。场依存型的学习者在认知活动中，对信息的加工较多地依赖于周围环境，喜欢有人际交流的集体学习环境，依赖于学习材料的预先组织，但需要明确的指导与讲授；而场独立型的学习者则往往喜欢独立思考，对信息的加工更多地依赖于内在参照，更愿意独立学习和钻研，对所提供的学习材料能进行分析、重新组织，提出明确的目标。通过合作的形式，小组成员之间可以取长补短、互为补充。对于场依存型学习者来说，这就显得更加重要。

图 3-7　合作学习

计算机支持的协作学习（computer supported cooperative learning，CSCL），是指利用计算机技术（尤其是多媒体和网络技术）来辅助和支持协作学习①，是在计算机支持的协同工作（computer-supported cooperative work，CSCW）和协作学习相融合的基础上发展起来的，是传统合作学习的延伸和发展。教师在计算机支持的协作学习中并不是可有可无的，其主要充当信息资源的提供者、协作学习的协调者、监督者、帮助者、管理者，这与传统教学中的教师角色有较大区别。计算机支持的协作学习系统中的教师必须掌握相应的信息技术，这是教师发挥作用的基本前提。教师要给学习者提供必要的学习信息，同时应指导学习者在何处可获得更多的信息。教师应监督小组学习活动，在小组活动偏离学习方向时进行校正，在小组学习陷入僵局时进行协调，还要为困难学习者或困难小组提供帮助与指导。另外，教师也要对学习过程与学习结果进行评价，教师更多地应成为学习活动的组织者，而不是一个施教者。

当然，不管是面对面的合作学习还是计算机支持的协作学习，学习者都必须满足以下条件：①个人是团体的一部分；②具备人际交往能力；③需要反思。

合作学习的优点和局限如下。

1. 优点

1）合作学习将各种能力水平的学习者混合在一个小组中，会产生对所有人都有利的学习效果。

2）根据学习要求，分组可以是非正式的，也可以是正式的。

3）可以发展长期分组，创造多个学习机会。

4）合作学习可以用于所有内容知识领域。

5）学习内容形式多样。

2. 局限

1）小组必须保持在较小的规模水平（3～5 名学习者），以确保学习者均能平等参与。

2）对于学习者而言，如果过度使用该策略，它的效果可能会大打折扣。

3）将相同能力水平的成员分组并不能增加所有学习者的学习机会。教师需要仔细划分小组，以确保各小组内均有多层次的能力。

（四）游戏

游戏（gaming）通常是最能激发学习者学习动机和兴趣（图3-8），从而提高

---

① 李海峰，王炜. CSCL 研究 30 年：研究取向、核心问题与未来挑战——基于《计算机支持的协作学习国际手册》的要点分析[J]. 现代远程教育研究，2022，34（5）：101-112.

学习者参与度的教学策略，不过，教师在实施这种策略时需要谨慎对待游戏的教学性和娱乐性的平衡问题。游戏化学习意在将游戏元素融入学习过程中，充分发挥游戏在创设学习情境、激发学习兴趣、维持学习动机、增强学习交互和培养学习者高阶思维能力等方面的作用，旨在优化学习过程和提升学习效果。

图 3-8 笔者指导的研究生开发的"AR 拼单词"游戏界面
注：HELP（帮助）、EXIT（退出）

游戏化的虚拟环境提供了进行协作和获得参与式体验的环境，学习者之间的协作也是游戏化学习体验的重要内容。大多数大型模拟游戏为学习者提供了个体与社区间进行协作的支持。在虚拟仿真游戏中，参与者可以选择不同的角色，游戏化身可以与生活角色有很大不同，这让学习者可以不受实际生活中的身份限制进行游戏体验。因此，游戏中身份的转化为学习者提供了更多参与协作的机会，学习者也可以通过身份的选择进行不同视角的协作体验。许多虚拟沉浸式游戏还为玩家提供了更多的社交机会，虚拟世界内的沟通机制包括私信、群聊等，学习者也可以使用游戏以外的沟通渠道，如博客、聊天工具等。借助这些支持工具，学习者可以获得更多与人讨论、合作的机会，进而获得更多的社会性体验。

很明显，游戏具有激励性、挑战性，能够培养学习者的问题解决技能以及社会协作意识。游戏具有以下优点和局限。

1. 优点

1）通过游戏，学习者很快就会投入到学习中。

2）游戏可以适应于学习结果，与其相匹配。

3）游戏可以在不同的课堂环境中使用，从班级活动到个人活动均适用。

4）大多数游戏是丰富多彩的、互动的和具有竞争性的，帮助教师吸引学习者的注意力，学习特定的主题或技能。

2. 局限

1）由于获胜的导向，除非谨慎，否则比赛可能会变得过于激烈。

2）能力较差的学习者可能会发现游戏太快或者有难度。教师需要提供可供选择的游戏以配合学习者的能力水平。

3）购买电脑游戏之类的游戏可能很昂贵。教师可以在网上免费获得类似的游戏。

4）在学习者使用游戏之前，教师一定要清楚地说明学习目标，明确玩游戏是为了学习而不是单纯的娱乐。

（五）发现学习

发现学习（discovery learning），是学习者主动积极探索以获取知识概念和问题解决策略的学习方法。在课堂教学环境下，发现学习又是一种重要的教学方法，是学习者在教师的鼓励下积极探索的过程。相对于以教学内容为中心，发现学习强调教师的直接指导。研究者普遍认为，发现学习是促进知识深入理解和持久记忆的最适当、最有效的途径[①]。以学习者为中心的发现学习需要给学习者提供"脚手架"，以免他们在解决困难问题时望而却步，也防止学习者在独自探索的过程中对概念产生误解。

20 世纪 60 年代，布鲁纳（Bruner）对发现学习进行了系统研究，并明确指出发现学习的关键特征：①设置可供学习者进行探索的问题情境；②以学习者的发现活动为主，教师起引导作用。指导发现原则是对发现学习与直接指导的整合[②]。在单纯的发现学习中，学习者在没有任何指引或反馈的情况下独立地完成问题探索；在结合指导的发现学习中，学习者在教师的监督与指导下探讨问题。梅耶对 20 世纪 60 年代到 20 世纪 80 年代的发现学习的有关研究进行总结后指出[③]，指导发现学习比单纯发现学习会获得更显著的学习效果。在单纯发现学习中，学习者因为难以发现问题解决原理和策略的关键而无法整合新的经验和现有知识；在指导发现学习中，学习者在教师提供的限定的问题空间中进行认知加工，遇到困难时得到教师的及时鼓励，思路出现偏差时得到教师的反复引导，这些"脚手架"式的学习支持使得学习者能够有效地完成学习。

综上所述，有效的发现学习需要科学的方法，教师要提供必要的指导以及"脚手架"。发现学习具有以下优点和局限。

---

① 伍国华. 基于计算机模拟的科学发现学习实现模式——从单纯发现到指导发现[J]. 电化教育研究，2010（8）：51-56.

② 王美岚，王琳. 布鲁纳的发现学习及其启示[J]. 当代教育科学，2005，（21）：42，45.

③ Mayer R E. Should there be a three-strikes rule against pure discovery learning?[J]. American Psychologist, 2004, 59（1）：14.

1. 优点

1）发现学习非常吸引各个层次的学习者去学习。

2）发现学习可以使用之前学过的解决问题的过程或步骤。

3）发现学习让学习者在学习中找到主人翁的感觉。

2. 局限

1）发现学习设计和实现起来很费时间，教师可以选择基于网络的发现课程。

2）教师要考虑学习者可能遇到的所有问题。

3）发现学习可能导致学习者对学习内容产生误解，教师要及时总结学习内容。

（六）基于问题的学习

基于问题的学习（problem-based learning，PBL），也叫作问题解决（problem solving），可以促进学习者形成推理和批判性思考能力。但它与发现学习有个共同的局限，就是通常需要花费大量的时间，因为这一过程是学习者主动探索的过程，这可能对学习者造成困难。

在基于问题的学习中设置和安排的教学活动都有一个共同的目标，那就是让学习者通过提出和解决问题来实现知识经验的建构，提高解决问题的能力。包括以下实施环节。

1. 创设问题情境

教师选择源自真实世界的、结构不良的（ill-structured）、开放的（open-ended）、复杂的问题来创设逼真的问题情境，并赋予学习者问题解决者的角色如医生、律师、顾问等，从而提高学习者解决问题的积极性和责任感，增强学习者解决问题的动机。

2. 学习者进入问题情境，分析具体问题

学习者需对呈现的问题情境有一个清楚而彻底的理解，确定自己所要研究的具体问题，思考为了解决该问题，他们已经具备哪些知识和信息，还需要具备哪些知识和信息。5～7个人组成一个小组并进行任务分工，小组成员收集解决问题所需要的资料，并初步提出一些解决问题的方案，再通过小组成员的讨论、分析，确定一个最佳的解决方案。此环节花费的时间相对较多，而且对教师的指导技巧和提问技巧要求都比较高。

3. 解决问题

根据确定的解决问题的方案，对收集到的学习资料进行分析、加工、整理、评价，并应用这些新学到的知识来解决问题，若问题仍得不到解决，就重新分析问题，提出新的假设，然后再收集资料，学习新的知识，直到问题得到解决。

4. 成果展示与评价

各小组可利用海报、口头报告、图表、幻灯片等形式来展示自己的结论以及得出结论的过程。在成果展示过程中，相关专家、教师对学习者最终选择的解决方案及解决问题的过程进行评价，其他学习者也可以对问题的解决过程提出一些建议。这一过程，不仅使学习者的沟通交流能力得到了提高，而且也使学习者思维越来越缜密，还可以使他们领悟到问题背后的关系和机制。

5. 反思

学习者在解决问题之后，反思在解决该问题的过程中哪些地方做得好、哪些地方做得不够好，以此帮助他们理解新知识的应用情境，以后再遇到类似的问题时应该怎样扬长避短。这样的总结反思能帮助学习者把他们所学到的知识与具体的应用情境联系起来，而不仅仅是模模糊糊地感觉到自己学到了很多知识。同时，这一反思过程对促进学习者高阶思维技能的发展也有很重要的作用（图3-9）。

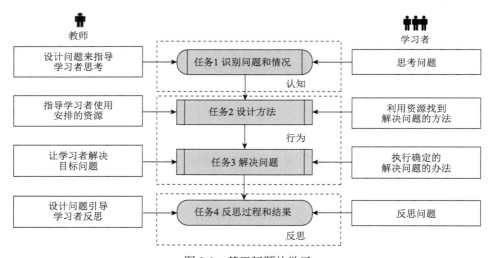

图 3-9　基于问题的学习

学习者在基于问题的学习方法策略的各个环节中始终围绕要解决的问题进行学习、实验、思考。因此，在实施过程中，关键是设计问题情境，强调问题情境的真实性，而且后续各环节的教与学活动都是围绕创设的问题情境来进行的。基于问题的学习优点和局限如下。

（1）优点

1）学习者积极参与来源于现实世界的基于问题的学习。

2）当学习者致力于解决问题时，知识和技能之间的关系变得明显起来。

3）随着学习的深入，引入更多的问题可以控制问题复杂性的程度。

（2）局限

1）为学习制造高质量问题是困难的。

2）学习者的年龄和经验水平不同，可能意味着教师需要及时调整教学内容，以确保学习者能从学习中有所收获。

3）创造和使用解决问题的课程是非常耗时的，可以使用 ASSURE 评估步骤来改进课程。

第四节　视角三：技术、媒体和材料整合

前面两节我们已经介绍了学习环境中的学习情境和教学策略两种视角，本节我们将这些技术、媒体与材料结合起来，进入第三个视角——整合。

现代教育整合观[①]，简单地说，就是运用整合理念对教育领域中所包含的诸多要素进行重新组织而形成的总的看法。现代学习资源与学习者是现代教育最基本的要素，学习资源可以简单地分为学习内容与学习支持策略两个方面，而学习内容又包括学科、课程、专题、教师的发现等方面，学习支持策略又包括教师经验、资源设计、媒体应用与认知等策略，因此，技术、媒体和材料整合是一门很大的学问。我们认为，在学习情境中运用合适的教学策略并将技术、媒体和材料进行有效整合的关键在于：整合各类教学策略的优势，树立正确的整合观。

在某些课堂上，教师使用课件主导整节课，课堂形式变成了不断点击鼠标来展示内容。教师仅仅是读投影出的内容，被鼠标牵制着一直站在讲台上，无法走近学习者；有的课堂上，教师用课件代替了应该做的演示实验，理由是做实验费时且容易失败。在这些"满堂灌"的课堂上，学习者无法积累观察经验，无法从课件中获得真实体验，容易走神、注意力不集中，学习效果不佳。这也导致了教师误以为单纯的演讲不能吸引学习者的兴趣，进而完全抛弃了传统的"讲授法"。其实，技术本身是中性的，没有十全十美的策略和技术，关键是使用技术的人持什么样的观念。在什么样的学习情境下运用什么样的教学策略以及整合哪些技术、媒体和材料，才能达到最优的教学效果，需要教师精心地设计和组织。至于可能运用到哪些整合资源，这里给出一些参考。

一、演讲

演讲是一种核心的教学策略，已经被成功地使用了很多代。今天的教师具有这样的优势：通过整合技术资源，进一步让学习者参与深层次的思考和处理，从而扩大行之有效的策略，最终产生更高水平的有意义的学习。此外，演讲可以持

---

① 沈书生. 关于现代教育整合观的初步研究[J]. 中国电化教育，2003，（4）：28-30.

续到必要的时间，以帮助教师向学习者传达更多的信息。当考虑使用此策略时，尽量使用简短的问题，以此来引导学习者参与更多以学习者为中心的活动，从而使其获得更好的课堂学习体验。

在演讲中有许多技术资源可以增强信息的呈现。例如，教师和学习者可以使用交互式电子白板无缝地从视频移动到电子数据图表，学习者也可以利用交互式电子白板进行生生互动。

PowerPoint 或 Prezi 演示文稿是另一种非常常见的呈现信息的方式，既包括摘要内容和相关图像，也包括指向因特网（Internet）信息的超链接或动画图表来说明概念。在设计演示文稿时遵循版权准则即可。

学习者"点击器"是一种技术工具，可以通过立即显示学习者对问题的回答来增强演讲效果。另一种将技术集成到演讲中的方法是使用文档摄像机，它可以投影打印材料和小型三维对象。演讲者可以利用它来展示照片，在阅读时展示故事书，或者观看毛毛虫变成蝴蝶的变形术。

因此，当在演讲过程中保证学习者的积极参与，并且不过度使用的话，演讲可以成为一种有效的策略。

二、示范

示范过程中可以使用数码相机等技术设备，其作用在于可以增强演示效果。数字摄像机可用于在上课期间或上课前录制演示。班级可以一起查看视频，以进一步检查演示的各个方面，或小组及个人用来复习演示过程。学习者可以被指定为录像师。如果有多个摄像机可用于录制演示，则可以将多个视频进行合并。对于使用实际对象进行演示的复杂过程或混乱的项目，创建视频尤其有效。

演示过程中使用的其他类型的数字设备包括记录特定现象的设备，如记录风、温度、湿度、速度和酸碱值（pH）等的设备，以及放大设备，如数字显微镜。这些设备主要用于数学和科学演示，通常适合全班或小组观看。

另一种选择是将演示与在线资源的数字视频集成在一起。这些演示可能包括在手机上如何使用算盘，或者如何测试池塘塘水的 pH。由于搜索在线视频时会出现多个示例，因此要选择最适合课堂内容的视频，并遵循平台的版权准则。

三、操练

许多计算机应用程序在为学习者提供复习信息和实践机会的同时，也能够让学习者享受类似游戏的体验。其他的操练软件遵循更传统的方法，如在线抽认卡和交互式工作表。操练的数字版本可作为独立的软件包[如数字射击（Math Blaster）和阅读小兔（Reader Rabbit）]和免费的交互式在线图书[如神奇校车（Magic School Bus）系列]提供给学习者。还有许多非数字的操练和实践资源，这些资源经过多年的验证，提供了一种触觉交互的非数字化替代方案。其中，最受欢迎的是学习者可以单独或成对使用的项目，如拼写、数学和语言教学中的抽认卡、字卡和工作表。

四、辅导

辅导包括教师对学习者（例如，苏格拉底式对话）、学习者对学习者（例如，同行辅导）、计算机对学习者（例如，计算机辅助教程软件）和打印资料对学习者（例如，工作簿）的辅导。对于那些在大群体情况下工作有困难或者在学习新材料时需要额外帮助的学习者来说，辅导通常是有帮助的。

为学习者提供辅导的教师，可以和少数学习者一起工作或学习，通过观察学习者呈现的学习材料来调整辅导的节奏。学习者对学习者的辅导需要教师的指导和监督，以确保对学习者有明确的指导。计算机对学习者的辅导在 K-12 中小学教室中非常流行，因为这些程序可以通过耐心和一致的方式提供即时的、个性化的反馈。例如，集成学习系统（integrated learning system，ILS）提供了基于计算机或因特网的教学。学习者需要按照登录过程，输入教师提供的特定名称和密码，开始新的或继续以前的会话，学习者在辅导中的进步是基于对内容的掌握。因为集成学习系统可能很昂贵，所以它们通常以地区而不是学校级别进行购买。

学校的媒体中心是一个很好的辅导来源。大多数媒体中心都有各种各样的辅导形式，包括计算机软件、录音和印刷材料，教师可以与学习者一起使用。

五、模拟

模拟是学习者能够面对现实生活情况的缩小版本。它允许在没有涉及其他费用或风险的情况下进行现实的实践。随着新技术的出现，3D 虚拟仿真离线或在线运行都很容易实现。模拟还可能涉及参与者和模拟系统的对话，以及相关操作。

模拟可以用于全班或小组活动，提供在现实世界中不可能获得的体验。例如，学习者可以通过参与班级选举过程来了解投票的各个方面。他们可以创建竞选信息，确定选民登记指南，设置投票站，并成立一个计票委员会来记录和报告结果。

除了角色扮演，模拟还可以解决由于太大或太复杂而不能带入课堂的内容。例如，在有关内燃机的科学课程中，学习者可以使用两种类型的模拟资源。对于直接的动手体验，学习者可以使用小型的彩色编码的汽车发动机模型，让学习者能够通过操纵这些模型来学习内燃机。学习者也可以观看发动机的 3D 模拟，例如四冲程发动机模拟器，以查看其运行情况。通过使用引擎模型或查看 3D 模拟，学习者能够了解真实机器的内部结构，理解所呈现的概念，同时避免由操作真实引擎而带来的危险。

在线模拟，如整蛙工程（Whole Frog Project）提供了另一种类型的模拟学习体验。在某个青蛙研究项目中，高中生会参与一项复杂的青蛙研究，使用磁共振成像（MRI）等技术来揭示他们无法在课堂上访问的青蛙的内脏的数字图像，这使他们能够收集到有关青蛙循环系统、消化系统和肌肉系统的信息。

六、讨论

作为一种将对话扩展到课堂之外的方法，技术支持的讨论在今天的教室中越来越流行。使用即时通信软件等软件进行视频会议，可以让来自不同地点的学习者在讨论期间看到和听到对方的声音。例如，纽约的阿默斯福特社会意识学校（Amersfort School of Social Awareness）的学习者使用视频会议与荷兰的学习者进行定期对话。学习者还可以参与在线讨论，这些讨论允许课堂外的其他人在特定时间加入，最终这些讨论可以合并为视频、音频或文本，作为思想交流的一部分。技术和媒体也可以用于支持课堂讨论。例如，概念图软件可以帮助学习者记录对话过程中提出的关键思想和问题，以指导进一步的输入和归档对话。当教师和学习者在讨论中开发概念图时，教师可以引导学习者考虑他们可能不会在其他情况下确定的选项和想法。将学习者的问题纳入讨论是让他们参与更高层次思考的非常有效的方式。

七、合作学习

学习者不仅可以通过讨论文本材料和观看媒体进行合作学习，还可以通过制作媒体进行合作学习。例如，学习者可以设计和制作播客、视频或 PowerPoint/Prezi 演示文稿。在这样的学习环境中，教师将成为学习者的工作伙伴，在他们的学习中起到指导作用。

如果教室只有一台计算机，则可以建立合作小组以允许所有学习者访问。学习者可以很容易地使用像"世界饥饿-《粮食力量》"这样的游戏。由于软件的协作性或共享性，这样的软件程序可以适应学习者的协作性分组。

同时，教师可以让小组为剩下的课程准备主题演示。因此，每个小组都可以成为总内容中某一部分内容的专家。准备演示文稿要求学习者达到比从学习中获得的更高水平的掌握能力。

八、游戏

用于教育目的的各种游戏包括数字或基于纸质的纵横字谜、数独、拼图和逻辑拼图。拼图可以用来练习技能型知识（如拼写单词）或匹配事实性知识（如找到各国首都等）。学习者可以通过数独游戏建立解决逻辑问题的技能，或者通过逻辑拼图游戏增强思维能力。

一种常见的教学游戏涉及商业知识的学习。在教室里，学习者们在模拟商店里练习买卖产品。在初中和高中阶段，学习者可能会准备一种"产品"，然后对其进行营销和销售，以证明他们对商业世界的理解，而评比依据就像电脑游戏《热狗站：工作》（Hot Dog Stand：The Works）中所说的那样：企业利润最高的团队是赢家。

网络为所有年龄段的学习者提供了大量的免费游戏，这些游戏跨越了高声誉来源的核心内容领域，包括美国航空航天局（NASA）的太空站（Space Place）、腾讯游戏等。教师应在学习者使用游戏之前仔细检查游戏，以确保活动支持实现所述标准和目标。需要注意的是，学习者只应完成与课程直接相关的游戏活动。

股票市场游戏，由证券业金融市场协会（Securities Industry and Financial Markets Association，SIFMA）基金会提供，在帮助学习者获得金融技能方面非常有效。这款在线多用户游戏要求用户为他们的在线投资组合投入 100 000 "美元"，跟踪他们的投资，并努力实现在参与者中开发性能最高的投资组合的目标。他们以团队的形式工作，在学习投资的同时承担起领导责任，并在合作和协作中培养技能。这个游戏还为学习者提供了练习语言艺术和数学技能的机会。

九、发现

教学技术和媒体可以通过多种方式帮助促进发现或探究。例如，学习者可以设置一台数码相机，在白天拍摄植物的延时照片，以发现植物跟随太阳的情况，或者他们可以检查河流上同一位置的一系列全球定位系统（GPS）图像，以发现景观如何随着时间的推移而变化；学习者也可以使用文字处理工具来筛选书籍，例如通过阅读《中华人民共和国教育法》和《中华人民共和国宪法》，或者比较经典书籍的摘录，以发现小说是否比历史传记和法案更容易阅读。

数字视频可用于科学中的发现教学，它允许学习者停止、放大或减慢自然发生的事件，从而达到激发学习者的好奇心和提高思考问题的能力。教师可通过提出问题让学习者自主探索的方式，或通过让学习者说出自己的"发现"来指导学习者。

十、基于问题的学习

许多计算机应用程序都可用于支持基于问题的学习。像 Flash 相片制作工具这样的软件包提供了特定的图案设计问题，这些问题开始时相对容易，但随着学习者的进步而变得复杂；Inspiration 等认知映射软件提供了图形化表示信息的工具，概念之间的连接用来描述解决问题所需的关系。微软数据库和微软电子表格软件（如 Access、Excel）允许学习者开发和探索答案的数据集。例如，学习者可以创建一个美国总统数据库，为以下问题的陈述提供信息："美国总统最常见的特征是什么？"或者，他们可以查看 Excel 文件来计算收入或费用的变化和预算的关系。

WebQuest 软件可以结构化地将问题呈现出来，包括学习者要遵循的具体步骤、识别在线资源，并为学习者制作解决方案报告或演示文稿提供指导。许多教师开发的 WebQuest 在 Web 上可用。WebQuest 的主题涵盖一系列学科领域，包括社会研究、科学、数学和美术。虽然这是一个与孩子一起使用的有效工具，可以引导他们发现信息，但教师需要有选择地确定与学习者一起使用此类资源的频率，以及制作 WebQuest 的复杂程度。

练　一　练

从本章所述的学习环境三个视角出发，思考：在同一种学习环境中可以设计出以教师为中心的教学策略和以学习者为中心的教学策略。请在分析两种教学策略优缺点的基础上，举出一个应用实例，并写在以下方框中。

优缺点及实例

第四章 21世纪的学习空间

学习目标

1）掌握学习空间设计的不同类型以及学习空间设计的基础要求。

2）了解并能够区分校园里常见的学习空间与技术支持下的学习空间。

3）理解如何使用技术来改变学习体验，并能够树立利用技术去实现课堂深度互动的教学观念。

本章结构图

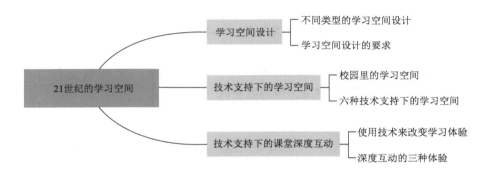

第一节 学习空间设计

一、不同类型的学习空间设计

任何学习活动发生的场所都可称为学习空间。一般的学习空间分为三类：正式学习空间、非正式学习空间和虚拟学习空间。正式学习空间包括传统的教室、图书馆等学习场所。走廊、休息室或校园里的长椅等属于非正式学习空间。除此之外，网络社区、在线学习资源库、慕课等都属于虚拟学习空间①。

本节我们将探讨不同类型的学习空间是如何设计的，大家先来分析一下这个案例，请见图4-1。

---

① 江丰光，孙铭泽. 国内外学习空间的再设计与案例分析[J]. 中国电化教育，2016，（2）：33-40，57.

图 4-1 教学楼外观

图 4-1 是某学校正在修建的教学楼的外观图，该教学楼内部将要进行数字化装备的装修。图 4-2 是一楼的结构平面图，一楼有小型教室、中型教室以及大型教室，其中小型教室的尺寸是 7.3m×7.6m 和 7.0m×7.6m，中型教室的尺寸是 10.3m×7.1m、10.3m×8.3m、10.9m×6.5m、10.9m×7.1m，大型教室的尺寸是 18.4m×14.4m。如何将它们改造为智慧教室呢？

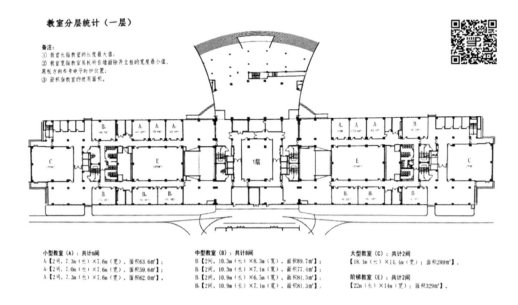

图 4-2 教学楼平面示意图

注：本图主要目的在于向读者展示教学楼内大致轮廓，可通过扫描右上方二维码查看大图

　　请大家根据给出的各类型教室的尺寸构思出对小型、中型、大型教室的设计方案。下面是一些设计者给出的参考图。

　　（一）小型教室

　　图 4-3 所示的小型教室的面积是 $59m^2$，便于 15～25 人进行小组讨论，它的内部布置有多把小椅子和 4 台可移动电脑。由于讲台前面的电子白板是固定不动的，因此特别设计可移动式的电脑，方便小组成员使用，并且在使用互联网收集资料后可以将资料投屏到白板上和大家分享。另外，这间教室的座椅并非传统固定式的座椅，而是采取了滑椅的形式，方便小组成员互动。同时还取消了桌子的使用，在椅子上面直接有放东西的桌板，学习者可以直接坐在椅子上面进行交流。

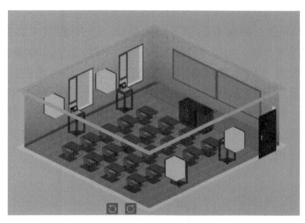

图 4-3 小型教室 1

　　图 4-4 是第二间小型教室的设计方案。这间小教室的规格是 7.3m×7.6m。如此设计这间教室的出发点是为了减少学习者在教室和机房之间奔波的时间。很多大学生埋怨理论课和实验课通常不在同一栋教学楼内，于是设计者就想到把机房和教室结合起来。该教室的中间放置的圆桌可供老师讲课和学习者汇报，椅子为滑轮椅，后排的电脑可以用来查阅资料。考虑到有些学习者习惯用自己的电脑，在右下角的墙边放置了可以放电脑的桌子。这个教室比较小，更适合于课堂容量比较小的班级学习。如果有某门课程固定在这间教室上课，教师可以在教室侧面的书架上放置与课程相关的书籍以供学习者参考查阅。此外，这个教室的开放灵活布置很适合进行研讨活动。如有集体讨论或团体活动，也可以在此教室进行。

图 4-4　小型教室 2

　　图 4-5、图 4-6 是一种典型的学习空间设计，这间教室中共有 9 张学生桌子，每张桌子可以容纳 9 个人左右，教师桌子位于中间位置。这种能容纳 80 多人的教室，其学习空间设计主要不是用来讲授知识，更多的是考虑进行合作学习、小组讨论、游戏活动等。仔细观察图 4-5，可以看到这种设计的小型教室留有两个小隔间。思考一下，留这两个小隔间（图 4-5 左上角和右上角）有什么作用呢？左上角主要是器材准备室及设备储藏室；右上角是个较为封闭的研讨室，可供小组进入其中来单独讨论问题，该设计适用于竞争式合作。

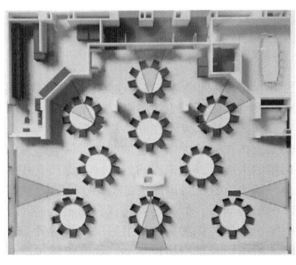

图 4-5　小型教室俯视图

图 4-6　小型教室正视图

　　小教室可以分配到院系固定使用，因此其后侧的书架位置可固定放置院系相关专业的书籍。另外，此设计人性化地布置了供学习者放电脑的位置，很多时候学习者使用自己的笔记本更方便。

　　把实验室和教室进行结合形成一种非常合适的环境是小教室的优势所在。

（二）中型教室

图 4-7 为某间中型教室的设计图，其主要用途是实体授课。

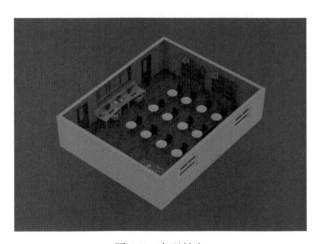

图 4-7　中型教室

　　该教室内的授课模式主要为教师讲授，即老师作为信息传递者，学习者作为信息接受者。但是这间教室在传统的实体授课教室上做了一些改变，不仅利用图中左上角的电脑帮助教师承担一般的授课任务，还借助书写电子白板支持师生互动和生生互动。由于这间教室主要用于授课，因此只在教室一侧配了两台台式电脑，用于显示和记录教师授课中的关键信息。学习者在课后可以通过电脑上的记录及时查漏补缺。另外该设计在教室另一侧的两扇窗户之间放置了一个液晶显示屏，可供全班师生共同观看教学材料。

　　由于显示屏只是知识传授的辅助工具，主要用来播放老师选择的教学素材，并且大家都关注同一个地方有助于提升学习者的专注力，因此，该设计对这个中型教室只设了一个显示屏。这间教室比较个性化的地方在于，教室后面放置了两个大书架，方便学习者把自己希望分享的书籍摆放出来与其他同学共同分享、交流。假如教室不专属于某一个专业的学习者，书架就可以放一些通用的书籍或者工具书。教室里面的桌椅都被设计成圆形，并且是可以移动的，相对于中规中矩的方形桌椅，圆桌椅会给使用者更加自由的感觉，也让一个人拥有更大的可支配空间。整体装修所用的壁纸是蓝色的，能够营造"未来感"，促进人的交流。同时，教室左右的两面墙上的窗户会使教学环境更加舒适。有资料显示，如果学习环境可以给人以舒适感，将有助于学习者的思考[①]。这间中等教室的功能设计也是在我们以后的教室里可以充分借鉴的。

　　（三）大型教室

　　最后，再来欣赏几个大型教室的设计。首先来看图 4-8 所示的大型教室。

图 4-8　大型教室 1

　　① Tanner C K. Explaining relationships among student outcomes and the school's physical environment[J]. Journal of Advanced Academics, 2008, 19（3）: 444-471.

由于这间教室的空间有 260m^2，所以设计者认为这个教室适合上百人共同开展学习活动。该教室主要的设计理念是方便举行大型讲座，或者用于人数较多的公共课堂教学。与以往的教学空间设计不同，设计者将教学屏幕扩大成近一面墙大小的电子白板，方便坐在后面的同学进行观看。在普通的座位设计上增加了中间和两边的过道，并分别将两边的座位变成斜式的，方便教师或汇报者同讲台下面的同学交流。最后，不同于平时的长方形之类的区域较窄的讲台设计，设计师将讲台扩充成有突出的"舞台"形状，方便小组上台交流和分享他们的想法，甚至是表演。以上是一间比较宽敞的大型教室的设计。在第二个大型教室的设计（图4-9）中，设计者把整个教室进行了功能分区，包括工作组区、协作学习区、课堂学习区。

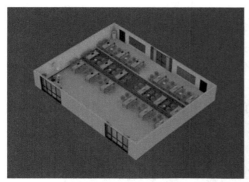

（a）俯视图 　　　　　　　　　（b）协作讨论区

图 4-9　大型教室 2

目前教室中小组内部的交流讨论往往已经不能满足教学需求，需要进行跨组讨论交流。从俯视图可以看到六个小组为一排，中间的过道把全班分成三个工作组。不仅同排同侧的三个小组可以聚在一起交流，桌椅的合理摆放也为学习者提供了足够的活动空间，上一个台阶的小组完全可以和下一个台阶的小组进行讨论，低护栏的设计也大大减少了发生安全事故的可能性。同时也给学习者提供了足够的活动空间，大家在讨论时可以离开自己的座位去别的小组走动，交流自己的想法，如此便有了协作式学习的更多可能。

四个人组成的小组构成了一个协作讨论区，每个讨论区拥有一张大的课桌，而每个桌子上会放置一台电脑。学习者可以通过这台电脑接收教师发送的教学信息，记录小组讨论内容，及时搜索学习资料，同时可以与教室内其他的电脑进行互动，分享小组的成果，促进协作讨论。

在课堂学习区里设置了很多个大屏幕，主要用于投影老师正在讲的内容或者课后作业，这样学习者就可以及时看到老师布置的作业，提醒自己按时完成。教室前方设有一个非常大的宽屏，分成了双屏模式。双屏有几种用处，一是可以两面展示不同的内容，比如左边放映当前所讲的一页 PPT，右边放上一张展示的 PPT，这便于大家去记忆上一个 PPT 的内容，有助于知识的保留；第二个用法就是一面呈现老师讲解的知识性的内容，另外一面则作为电子白板，老师或同学可以在上面书写，以增强互动。

最后是转换区。教室前面留了很大的空间用于"转换"，其实就是增大互动的表现空间，避免大家局限在一个非常拥挤的环境里，影响展示效果。

以上是这四个区域的功能设计。

除此之外，教室的角落还专门设计了一个教师专用区域，该区域不仅有白板供教师当作备忘录使用，还配置了一台电脑供教师进行在线搜索。这间教室还设置了书架，用于放置比较专业的书籍，供同学们下课后查看翻阅。考虑到室内的摆设能够提升学习者在课堂上的舒适度和体验度，该教室的设计比较偏向于家居环境，通过心理暗示来促进学习者的学习效果；总体色彩采用的是米色和白色，其中窗帘是白紫色，希望能够通过外部环境刺激感官，提高学习者学习和交流的欲望。

除了教室这种典型的学习环境，还有实验室和多功能教室。请观察图 4-10 并思考这是什么样的实验室。通过图中靠墙放置的 3D 打印机、激光切割机等，可以看出这似乎是一个 DIY 创客空间，这种空间现在中小学越来越普遍。

图 4-10　实验室

图 4-11 是多功能教室，其中所有的桌子不是固定的，可以任意拼接，极其方便。另外，墙上有多块屏幕，既可以用于开展讲授活动，也可以用于开展其他活动，所以被称为多功能空间。

图 4-11　多功能教室

　　通过对以上众多实例进行归纳梳理可以发现，这些学习空间中都会用到的最重要的设施就是桌子。图 4-12 是一种可活动的桌子，其高度是可调节的，只需要将插销插入固定的地方即可调至合适的位置，最高高度是最矮高度的 1.5～1.8 倍；其中桌子上的插头可定制，挡板高度也可自行调节。我们称这种桌子为自适应课桌。当然自适应课桌一定要结实，使用年限要长，材质为全钢结构。

图 4-12　可活动桌子

　　在空间设计中，每个要素，例如桌子、椅子、设备都需要进行设计。看完实例之后我们需要将其抽象出来，变为一个抽象的概念。前面我们看了很多实例，无论是大型教室、实验室还是商场出售的桌子、椅子等设备，都是可以放到学习空间中进行设计的。图 4-13 是一个典型的五边形教室设计，主要目的是用于基于探究式的合作学习。通过仔细观察可以看到，桌子是弧形的，每个桌子可以容纳 6 个人，6 个人围绕一个共享屏幕进行讨论，该教室一共可容纳 5 组 30 个人来进行讨论。教师桌子位于正中间位置，可以方便教师环顾四周，及时指导每个小组；也方便同学们在有问题时找老师求助。

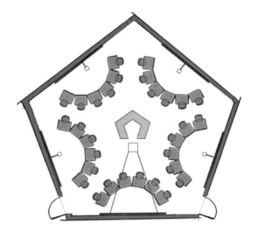

图 4-13　五边形教室

　　图 4-14 所展示的四边形教室可以容纳 30 多人，有 4 个桌子，每个桌子可以坐 8 人。该教室的设计与上述五边形教室有点类似，但是分组上比上一小组少，屏幕也偏少，只有 2 个小组能拥有独立的屏幕，另外 2 个小组需要共用 1 个屏幕。这种空间存在的问题是：教师桌不在中间，不便于教师与另外两组进行及时的沟通。所以此空间更加适合于小组活动。

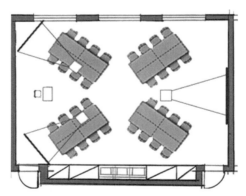

图 4-14　四边形教室

　　以上所有的空间设计都指向一个目标：老师不只是知识的传授者，更多的是学习空间的设计者以及学习的促进者。学习空间设计需要考虑真实环境、真实需求以及真实成本等问题，看了上面的案例设计图后，你是否已经对不同类型教室的空间设计有了自己的见解？

二、学习空间设计的要求

　　学习空间的设计在一定程度上决定了学习活动发生的形态。比如传统的教室布局基本上决定了授课方式为教师讲与学习者听，学习者处于被动的接受状态，而在空间设计较为灵活的教室中，学习者就可以进行小组学习并与老师开展互动交流。

目前学习空间设计的主要目标之一是让过去被动的学习者转化为主动积极的课堂学习者。在主动的学习环境下，通过开展一系列经过精心设计的学习活动，可以提高学习者学习的主动性，从而促进学习者的创造力、批判性思维能力以及综合素养的发展与提升。

一般来说，积极主动的学习环境有以下几个特点：先进的技术设备，灵活性高、可移动的桌椅，师生之间有效、及时的交流以及舒适与安全的教学环境。为提高学习者在主动的学习环境中的学习效率，教师可以运用积极的学习教学策略促进学习者的主动学习。与传统的教学方式相比，在积极学习的过程中，学习者需要将获取的知识清晰地向他人表达出，因此学习者会对学习过的知识有更加深层次的掌握与理解。

在教室空间的改造方面，主动学习型的教室相比传统的教室需要做出很大的改变。其中，最突出改变的就是教室要能够非常好地应用于小组形态的授课学习与讨论交流。通常室内需要配有充足的显示器或白板供学习者讨论、展示与分享，教室内的桌子同时提供充电插口以及时满足学习者电子设备的用电需求。教室的桌椅的高灵活性，使小组形态更加多样化，增加师生、生生间的互动。同时，为了让教师在授课时不受制于讲台，能够在各个小组之间走动，及时给予学习者必要的学习指导，增进彼此间的交流，应给教师提供比较大的活动范围。

从整体上看，舒适的学习环境、灵活的桌椅、丰富的小组讨论、充足的显示器等因素会极大地提高学习者的积极性与参与感，让学习者的思维更加开放与活跃。除了考虑桌椅、显示器等硬件设施，还应关注室内光线、温度、颜色等物理因素，这体现了人体工程学中以人为中心的设计理念，以最大限度地满足学习者在开展学习活动中对于客观环境条件的需要。

通过对桌子、座椅、讲桌等家具的设计来达到设计目标是学习空间实践中经常采用的方式之一[1]。除此之外，信息技术的作用在学习空间实践中也得到了充分的发挥，无线网络、交互式电子白板、笔记本电脑、平板电脑、智能环境控制的利用等都体现了信息技术带给学习空间实践的变化。在学习空间的实现方式上，除可以通过优化家具的设计和借助信息技术之外，还可以通过空间布局的设计以及物理环境的创设来实现学习空间的设计目标，例如通过对空间内温度、湿度、光照的控制来提升用户体验；基于空间规划的角度对学习空间进行改造，通过提供单独的休息区和媒体区来实现设计目标。

---

① 许亚锋. 技术支持的学习空间的设计与实践[D]. 上海：华东师范大学，2015.

学习空间的设计之所以如此重要，是因为它与教学法、信息技术相互影响、相互促进①。灵活多样的学习空间为教学模式和学习模式提供了多样选择，促进了教学模式的改革，也进一步提高了学习成效。

第二节　技术支持下的学习空间

一、校园里的学习空间

在前面一个小节中我们主要讲述了学习空间设计的相关内容,通过设计实例,我们了解了学习空间设计的基本要求。实质上,在学习环境中进行的所有设计,例如窗帘、灯光、背景、桌椅的选择与安置等,都是为了促进学习者的学习。除了考虑设计方面,我们还可以通过技术来促进学习者的学习。

如图 4-15 所示，在传统的课堂教室和汇报厅中，学习者们的合作和发现程度都处于一个较低的水平。在传统的课堂教室和汇报厅中，学习者们都是进行自主报告的，无须进行探讨；其他人在汇报的同时，底下的同学只需要竖着耳朵听，被动地接受信息即可；在汇报过程中，学习者没有进行发现学习、合作学习。如果学习者在实验室中，需要和同伴合作完成实验，则学习者的合作性和发现性较高。再例如，在会议室中，大家围在一起进行讨论，你一言我一句，学习者的合作性会很高，但是其发现性则不会那么高。

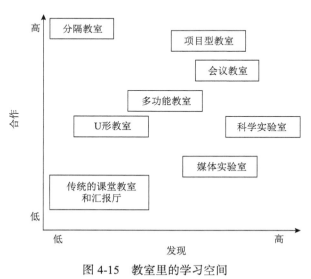

图 4-15　教室里的学习空间

---

① 肖君，姜冰倩，许贞，等. 泛在学习理念下无缝融合学习空间创设及应用[J]. 现代远程教育研究，2015，(6)：96-103，111.

　　相对于零合作的传统学习空间，在专门的案例室、研讨室中进行学习，学习者的合作能力会有所提高。若通过隔断将教室划分为若干个讨论区，让学习者在这种分隔教室中进行学习讨论，合作性会更强。如果从发现学习的角度来区分的话，相对于其他教室，科学实验室的探究性是最强的。根据合作和发现两个维度，我们可以将现有的教室（如实验室、会议教室、多功能教室、分隔教室等）画成如图4-15所示的结构图。因此在设计智慧教室时，设计者应该充分考虑到今后在这个教室中开展的活动是以独立学习为主，还是以合作学习为主，对学习的发现学习和探究能力的要求是什么。

　　在实际教学中，也可以根据学习任务的实际需要，合理地选择学习空间。那么针对这些已有的传统学习空间，有了技术的支持又会有哪些不同呢？

二、六种技术支持下的学习空间

　　技术支持下的学习空间有很多种类型，这里主要向大家介绍了六种常见的技术支持下的学习空间。

　　（一）以教师为中心的教室环境

　　在以教师为中心的传统的教室环境中（图 4-16），同学们都面对着老师，在下面整齐就座，学习者与学习者之间前额对后脑、左肩邻右肩，就像秧田里的小格子。因此，这种教室布局也被称为"秧田式"，学习者的合作性较低，发现性也较低。"秧田式"的教室布局是国内比较典型的一种课堂空间状态，有利于学习者将注意力放在教师身上、专心听讲、做笔记，适用于集体讲授，能够满足一对多传播的要求。英国教育理论家曾对课桌椅的排列方式做过观察实验[①]，结果表明，

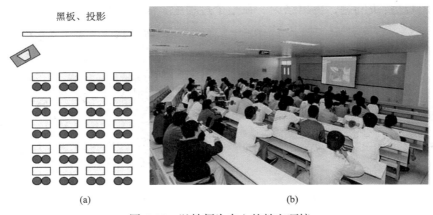

图 4-16　以教师为中心的教室环境

---

　　① 施良方，崔允漷. 教学理论：课堂教学的原理、策略与研究[M]. 上海：华东师范大学出版社，1999.

"秧田式"排列时，学习者学习努力的程度是"圆桌式"的 2 倍；而对于坏习惯（如心不在焉等）的出现频率，"圆桌式"是"秧田式"的 3 倍。因此，虽然这种空间布局的消极影响是显而易见的，但是也存在一定的优势。

"秧田式"的空间布局是以教师为中心的，整堂课教师都站在高于学习者所在地面一尺左右的讲台区域进行讲授，从空间位置上造成了师生之间的不平等，容易增加师生之间的隔阂，不利于形成民主、平等、和谐的课堂气氛[1]；这种布局也容易造成学习者参与课堂活动的机会不均等。国外学者亚当斯（Adams）和比德尔（Biddle）的研究发现，在"秧田式"布局的教室环境中，行动区（教室前排和从前排到教室的中间地带）的课堂气氛较为活跃，而处于行动区之外的学习者则很难参与课堂活动，学习机会的不均等容易造成学习者的态度两极分化的现象[2]。此外，固定的位置安排容易遏制学习者之间的交流，在"秧田式"的教室布局中，学习者只能与前后左右的同学进行便利交流，不利于学习者社会性的发展。

虽然"秧田式"的空间布局存在一些弊端，但是在经济欠发达，班级人数较多的地区，教师只能采用传统的座位模式。教师需要采取适当的方法来避免这种布局带来的影响，例如在课堂上经常走动，近距离监督学习者，与学习者进行更加平等的交流，合理地安排学习者的座位，按一定周期进行座位的轮换等等。

（二）以学习者为中心的教室环境

以学习者为中心的教室环境，通常是"圆桌式"的教室（图 4-17），每个组一个圆桌，每个组的组员围绕圆桌就感兴趣的主题展开讨论，并能够对自己的学习负责。"圆桌式"教学确保了学习者成为课堂的中心，以讨论为课堂的基础，使学习者自己解决问题，得出结论。在整个过程中，无须教师刻意激发学习者的动

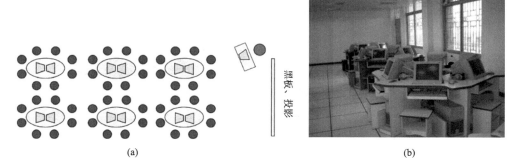

(a)　　　　　　　　　　　　　　　　　　　　(b)

图 4-17　以学习者为中心的教室环境

① 李介. 论课堂的空间布局[J]. 教学与管理，2004，（22）：46-48.
② 李秉德. 教学论[M]. 北京：人民教育出版社：1991.

机、创造有趣的情景。实践证明，即使是学习者不感兴趣的问题，通过圆桌讨论的方式，也能够调动起学习者的学习积极性。这种类型的教室适合小组合作、研讨以及个别化的学习。这种教室与上一种（"插秧式"）不同，它是以学习者为中心的，能够符合小组学习、个别化学习的需要。

"圆桌式"课堂体现了对学习者个性的关注，课堂上的每个学习者都是直接作为对象参与到课堂教育活动中去的。在"圆桌式"的课堂中，师生之间、学习者之间都是平等、自由的[①]。教师从知识的传授者转变为学习者学习的促进者，以顾问和伙伴的角色来参与学习者的讨论，帮助学习者获取知识。在教学目标设计上，实现了由知识型向能力型的转变，有利于学习者学科能力的培养。学习者主要依靠自身的不断操练来掌握知识，而不再一味通过死记硬背书本理论来寻找应试策略。

虽然"圆桌式"教室布局存在一些优势，但同时它也存在一定的缺陷，例如：教室中桌子尺寸太大，学习者和对面的同学距离较远，交流起来比较困难，不利于小组成员之间充分的讨论。

（三）混合式排列的教室环境

目前，在中小学校园里，更多的是混合式排列的教室环境（图 4-18），它融合了"秧田式"和"圆桌式"两种环境的风格。在组合桌子时，学习者可以 4 个人一组，其中两个人侧对屏幕，而另两个人正对屏幕。在中小学课堂上，以老师讲授为主，有时候需要学习者去讨论合作，在这种混合排列布局方式下，老师的讲授和同学们的讨论合作就可以双管齐下，能够最有效地促进学习者的学习。

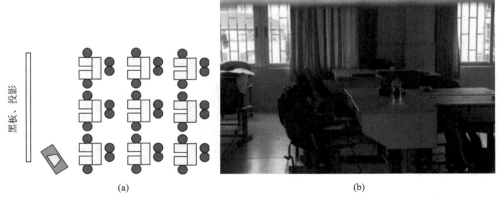

(a)　　　　　　　　　　　　　　　(b)

图 4-18　混合式排列的教室环境

---

① 李若亚．"秧田"和"圆桌"——从文化角度看中国和欧美的高校课堂空间形态[J]．新疆职业大学学报，2014，22（1）：61-63，76．

（四）电脑教室与常规教室相结合

图 4-19 列举了两种电脑教室与常规教室相结合的布局，这种布局把电脑教室和常规教室结合在一起：教室的两侧摆放电脑，可以用来做上机实验，中间的常规教室用于学习者上课研讨等活动。

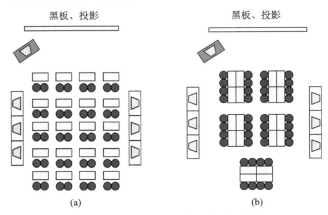

图 4-19　电脑教室与常规教室相结合

这种电脑教室与常规教室相结合的学习环境是中小学教室中一种很常见的布局。图 4-20 是某小学教室的俯视图，它所展示的空间支持个性化学习与部分合作学习。在这个教室的后方墙边不规则地分布着几个座位，可供学习者进行个性化学习，电脑可供上网查询资料以及共同研讨，中间及右上角的区域可支持合作学习。这种布局能够把机房和教室结合在一起，它通常适用于大概 20 人的小学阶段的课堂教学。

图 4-21 所展示的则是一种常见的高中教学环境设计布局，在这个教室中两侧有 12 台电脑和 2 台打印机。这种教室布局有利于项目式学习环境，比如问题解决式的学习、发现学习、分组合作等。在高中课堂上，学习者经常需要上网查阅资料，进行自主探究，采用这种教室布局能够满足高中生的学习需求。

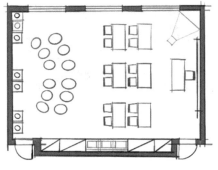

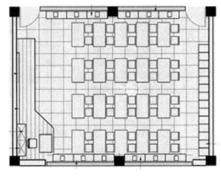

图 4-20　某小学教室俯视图　　　　图 4-21　某高中教室俯视图

　　针对不同的学习空间，教师应该灵活地选择与之相匹配的学习策略。电脑教室与常规教室相结合的学习空间中，教师可以提供网络研究的模板，让学习者小组合作或者独立完成网络研究，查找答案，兼容传统的讲授式策略，因为在讲授式的学习环境中，一般学习者人数较多。因此，学习环境的设计是与所选择的学习策略相适应的，可以通过不同的学习环境来推断这个教室适合哪些教学策略，以及在教学策略背后所隐含的学习观念。

　　（五）数字学校教学联合体虚拟空间

　　接下来要介绍的一种典型的技术支持下的学习空间类型——数字学校，不同于前四种物理空间布局，它利用先进的现代远程教育媒体，将面向本地课堂的传统面对面教学与面向异地课堂的网络教学有机地结合起来，形成一个虚实结合的课堂教学环境。这种全新的布局形式，可以将教学内容从中心学校同步传输到其他的学校，延伸教学的物理空间，形成教学联合体（图 4-22）。目前，湖北咸宁市咸安区很多中心点的学校都在搭建同步互动混合课堂（图 4-23），中心学校的老师通过学习空间的联合，在技术支持下，将中心学校的课堂教学内容同步到其他的小教室中。这种设计既有助于农村教学点解决因师资薄弱而导致的"开不好课"的难题，让没有音乐老师的农村教学点的学习者也有音乐课可上，又能够激发农村教学点学习者的热情，从而提高教学效果。

　　数字学校的建设需要一定的硬件设备支持，教学点需要装配同步摄像头、显示设备、声音采集设备等等，而且在不同的空间对设备的规格和精度要求也不同。此外，同步互动混合课堂的教学环境对授课教师的课堂组织、管理与协调能力都提出了更高的要求，不同地区、不同课堂的学习者具有不同的认知基础、认知风格与认知能力，面向农村教学点的同步互动混合课堂教学应该如何组织与实施，仍然是值得我们深入探究的问题[①]。

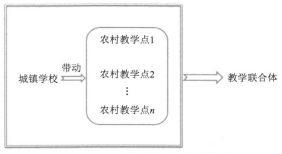

图 4-22　数字学院教学联合体模式

　　① 雷励华，左明章. 面向农村教学点的同步互动混合课堂教学模式研究[J]. 电化教育研究，2015，36（11）：38-43.

图 4-23　同步互动混合课堂

（六）虚拟录播教室环境

　　录播教室可以便捷地录制整个教学过程，录制的内容不仅包括老师讲课、学习者听课的场景，还可以包含教师讲课所用的课件等内容。采用这种多媒体进行教学，不仅可以开拓学习者思维，帮助学习者理解知识，还可以进行远程教学，供学习者在网上任意地点进行再学习。

　　目前，翻转课堂、慕课与微课等新型教学方式已经很普遍。在录播教室建设之前，一节精品课需要录播技术人员进行音视频的采集工作，后期还需要对课件进行非线性编辑，而现在，通过虚拟录播教室，教师就可轻松实现以上这些课程的录播与制作。教师团队可以运用一些后期剪辑软件，对从虚拟录播教室中获得的视频文件直接进行后期编辑，大大降低教学视频的制作成本。这些视频课程资料既可以作为课程资源丰富教学资料，又有助于促进教师对课堂教学进行反思，还能够用来参与教学评比，为提高教师能力水平提供了良好的支撑。

第三节　技术支持下的课堂深度互动

一、使用技术来改变学习体验

　　从传统的课堂教室和汇报厅到 U 形教室和多功能教室，再到媒体实验室和科学实验室，其中技术含量越来越高。技术不断增强的目的就是改变学习者的学习体验，改变教学方法。下面就要介绍怎样用技术支持课堂深度互动。

　　图 4-15 显示了校园里各类学习空间在合作和发现上的区别，纵坐标是合作，横坐标是发现。传统的课堂教室和汇报厅在促进学习合作以及发现学习上的作用是最低的。

　　图 4-24 在图 4-15 的基础上，融入技术的观点，对各类学习空间进行了区分。纵坐标表示合作，合作通过以学习者为中心的教学原则（learner-centered teaching principle）来实现，基于一些教学原则设计出促进学习者学习合作的教学活动；横坐标是发现，发现则通过技术辅助式空间（technology-enabled space）来实现，比如通过网络信息检索获取网络资源来实现学习者的发现学习。

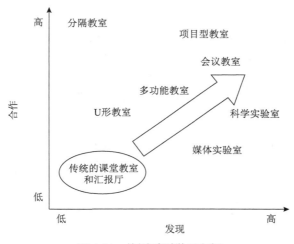

图 4-24　校园系列学习空间

　　总的来说，从传统的学习空间到技术支持的学习空间的变化来看，可以把技术的强弱、有无作为一个衡量维度；把学习者的参与度、教学是否以学习者为中心作为第二个维度。

　　结合图 4-15 和图 4-24 可以发现，目前的学习设计已经从传统的教室扩展到一个具有较高技术支持、较活跃学习者参与度的学习空间。这种发展是通过两种途径来实现的：第一种是改变教学法，第二种就是使用技术。这两种途径都被用来改善学习者体验。

　　举个例子，朋友们一起出去吃饭，吃火锅的时候大家的参与度高，想吃什么锅底就吃什么锅底，想放什么菜就放什么菜。吃干锅就不一样了，只有一种口味，大家没有更多的选择，但是即便是同一份菜，不同的人对其感受也不一样。教室里的课程也是一样，不同的人有不同的学习体验。把教学类比于点菜的话，做成火锅这种菜品，教学就是支柱式的，学习者的参与度高；做成现成的菜端上来，学习者的参与度就降低了。技术的支持其实是利用技术去充分适配个体差异性，从而使得学习者的学习参与度提高，改善学习者的学习体验。

二、深度互动的三种体验

既然我们现在知道了，技术可以被用来改善学习体验。那么请进一步思考一下：技术可以改变什么样的体验，可以怎样支持深度的课堂互动？

例如，在这样一个场景里：小朋友们在一个海洋馆里参观，学习和了解海洋知识，虽然透过场馆的玻璃可以看到各种各样的鱼在游动，奇妙又有趣，但依然有一些小朋友兴致平平。我们能不能使用技术的方法，使得他们的学习参与度变高呢？

学习者 A： 我觉得可以设置几个代表不同动物的按钮，比如，如果按一下鲨鱼的按钮，就会有激光鲨鱼游出来，这样肯定很有意思。

学习者 B： 参观海洋馆的时候如果有解说可能会给学习者提供更多了解海洋知识的机会，因此我认为可以在场馆玻璃上安装一些可触摸显示屏，小朋友们自行去触摸学习。

两位学习者提出的都是技术支持下的教学创意设计。在现实生活中，也确实有海洋馆通过数字媒体投影技术把学习者的绘画作品变"活"。这种设计通过较高的技术手段实现深度互动。

技术支持下的深度课堂互动能够让学习者获得这样三种学习体验。

（一）技术让学习更具创造性

例 1 在 3D 打印课堂里，学习者们可以设计并打印出自己的创意作品（图4-25、图 4-26）。

图 4-25 3D 打印设备和学习者作品

图 4-26　3D 打印作品设计

（二）技术让学习者动起来

图 4-27 为 VR 动作捕捉设备支持下的健美操教学与训练。在 VR 动作捕捉设备支持下，可以实现可视化、全景实时呈现健美操技术动作，并对其进行动态分析，能有效提升健美操教学与训练课堂的教学效率和效果。

图 4-27　VR 动作捕捉设备支持下的健美操教学与训练

那请问，这样的学习空间可以解决什么样的学习问题？

学习者 A：解决不爱运动的问题。

学习者 B：帮助发泄情绪。

确实如此，除鼓励运动之外，这种动起来的方式在情绪安抚上有一定的作用。比如，在很多学校的心理咨询室里都安装有拳击桩，以供咨询对象发泄情绪。但是其中存在一些容易被忽视的问题：虽然这是一个很好的发泄方式，但是长此以往会让同学们认为这种破坏运动无所谓。那需要怎样改变呢？其实可以改为解答互动题目，例如给出数学算法"5×4="，然后墙上出现好多数字，打中正确的数字后相应的进行加分；或改为进行虚拟投篮或打中字母拼单词。

（三）技术让学习更具真实性

例1 AR互动

AR技术被广泛应用于游戏学习、探究学习和协作学习等多种学习情境中（图4-28）。使用AR技术能帮助学习者理解抽象概念，同时还能以更有趣的方式与学习者互动，高质量的互动性可以给学习者带来更优质的学习体验。

图 4-28 AR 互动

例2 虚拟沉浸

VR技术，又称灵境技术，是20世纪发展起来的一项全新的实用技术。现在，VR技术越来越融入大众生活，它激发了教育、娱乐、医疗等领域的创新应用。图4-29是一个科普行星知识的VR教育系统的演示视频截图。

图 4-29 VR 教育系统的演示视频截图

练　一　练

我们在设计学习空间的时候常常会遇到一些难题，请举出一到两个用技术可以解决得比较好的例子，并详细说明：①遇到的问题是什么？②用技术解决这个问题的过程是什么？请写在以下方框中。

技术解决学习空间设计的例子

第五章 远程学习

学习目标

1）掌握远程学习的概念以及特点。

2）掌握远程学习的必要性和可行性，能够运用常见的技术工具进行远程学习。

3）掌握远程学习的策略和方法，提高远程学习效率。

4）掌握 WebQuest 的五个基本步骤，能够在教室中使用 WebQuest 进行远程学习。

本章结构图

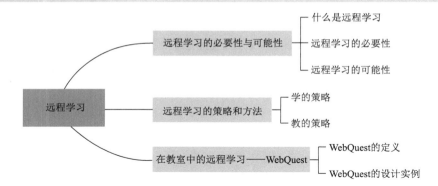

第一节 远程学习的必要性与可能性

一、什么是远程学习

随着网络技术的迅速发展，近年来涌现了大量类似于"数字化学习"、"在线学习"和"远程学习"等的术语。这些术语经常会被混淆为一个意思，但实际上它们的侧重点不同。那么什么是远程学习呢？它与数字化学习、在线学习、网上学习又有什么区别和联系呢？尽管人们希望能给上述的这些术语一个确定的区分，但是即使是在一些技术文献中，这些术语的使用也都存在一些分歧。

在过去的几十年里，不同的作者和研究人员对远程学习的定义不太相同。在所有的定义中发现的共同点是,远程学习是教师和学习者之间在不同时间或地点,使用不同的教学材料，进行的某种形式的教学活动①。国内有学者进一步指出，在远程学习中，教师和学习者之间会发生交互作用，教师需要及时地对学习者的反馈给予反应②。也有学者提出，学习者通过各种信息技术和媒体，接受教师指导的远程学习的方式属于狭义上的远程学习，广义上的远程学习泛指学习者在没有教师指导的情况下，利用各种学习资源开展的学习活动，也就是说学习者与教师之间并没有发生交互作用。基于此种划分方式，数字化学习、在线学习、网上学习都可被视作广义上的远程学习，在后面提到的远程学习都泛指广义上的远程学习。

在线学习与远程学习之间必然存在某种联系与区别，但是学者们对这种关系并没有给出一个一致的描述。大多数人认为，在线学习是远程学习的更新版本或者改进版本，将在线学习描述为通过使用某些技术来获得学习经验。比如说，通过计算机访问 web 上的资料。

"数字化学习"一词的起源尚不确定，但有人认为它可能起源于 20 世纪 80 年代③。虽然一些作者对数字化学习进行了定义，但是他们定义的角度各不相同。有些定义是通过与其他定义的相互冲突的观点来实现的，而有些只是通过简单地比较定义特性与现有的术语的区别来实现的。尼科尔斯（Nichols）将"数字化学习"定义为仅限使用基于 web 的、web 分布式的或具有 web 能力技术的工具进行访问的学习④。埃利斯（Ellis）则表示了他的反对看法，他认为数字化学习不仅包括光盘、互联网或内联网提供的内容和教学方法，还包括音频和录像带、卫星广播和交互式电视等⑤。塔万加里安（Tavangarian）等将建构主义理论模型作为其定义的框架，认为电子教学不仅是程序性的，而且是通过知识建构过程将个体的经验转化为个体知识的过程⑥。虽然数字化学习的确切特征还存在争议，但是有一点是很明确的，即所有形式的数字化学习都可以为学习者提供学习机会。

二、远程学习的必要性

与传统教育相比，远程教育打破了时间和空间的束缚，使人们可以随时随地

---

① 黄荣怀，周跃良. 关于远程学习的特征分析[J]. 中国电化教育，2003，(4)：69-71.

② Moore J L, Dickson-Deane C, Galyen K. E-Learning, online learning, and distance learning environments: are they the same?[J]. The Internet and Higher Education, 2011, 14(2): 129-135.

③ 孙晓婷. 数字化学习的历史发展研究[J]. 教育现代化，2019，6(23)：115-116.

④ 蓝红宇，Bernie Dodge. Some Thoughts About Webquests 关于 WebQuests 的几点思考(节选)[J]. 网络科技时代(信息技术教育)，2002，(6)：22-23.

⑤ Pelliccione L, Craggs G J. WebQuests: an online learning strategy to promote cooperative learning and higher-level thinking[C]//Proceedings of AARE Conference. Perth, 2007.

⑥ Dodge B. Focus: five rules for writing a great WebQuest[J]. Learning and Leading with Technology, 2001, 28: 6-9.

进行学习。学习者不受地区，经济等背景的影响，可以与其他任何学习者共享优质的学习资源。远程教育的出现也能够帮助那些无法进入校园内进行学习的人员继续接受教育，使得终身教育成为可能。所以从这几点意义上说，我们应该开展远程学习。

（一）满足了无法在校内上课的学习者的需要

除了在校园内接受基础教育的学习者，一些社会上的人员也会产生对学习的需要。随着社会对从业人员要求的不断提高，人们之间的竞争和压力也越来越大，许多人即使步入社会，有了稳定的工作岗位，为了达到领导的要求、做好本职工作、与时俱进，仍然要不断地进行学习。但是这些学习者由于工作、应酬、家务等等原因无法进入校园内进行系统学习。远程学习的出现突破了学习空间和时间的局限，满足了无法在校内上课的学习者的需要。在现代远程教育的支持下，人们可以利用先进的信息技术、移动通信技术等技术手段，自由灵活地选择教学时间、教学内容，自主地掌握学习进度，在教室和专家的帮助下进行最有效的学习。

远程学习除了可以满足校外学习者在职场上的需求，也可以发展他们的兴趣爱好，提高生活质量。通过远程学习，对拍照、修图感兴趣的人可以自学 Photoshop（PS），对艺术感兴趣的人可以学习琴棋书画、古典诗词等等。学习本身就是生活的一部分，远程学习的出现保护了人类学习的天性，使学习变得触手可及，人人都可以随时随地进行学习，这有助于学习型家庭、学习型城市，乃至学习型社会的构建。

（二）能够获得本来无法获得的外部资源

在远程教育普及之前，偏远山区的学习者由于教学资源匮乏、师资短缺，不能接受到良好的教育。目前，随着一系列远程通信设备和远程教育网站的开通，最优秀的老师资源、最好的教学成果可以通过网络传到四面八方，使偏远的山区和欠发展地区的学习者"足不出户"就能够接收到先进的教育理念和科学的教学方法。即使是坐在破旧的教室里，他们也能与城市里的学习者共享教育资源，获得本来无法获得的外部资源。远程教育的发展开阔了这些孩子们的视野，拓宽了他们的知识面，更重要的是转变了农村学校传统的教育理念，促进了农村地区的教育事业的发展，提升了农村学校的教育质量。

（三）将来自不同社会、文化、经济和经验背景的人们联系起来

以往我们可以通过电视看到关于一个社会的音乐、时尚、语言、服装等方面的信息，而随着互联网技术的发展，有着不同政治、经济、文化背景的人们可以

通过网络平台进行交流，增进彼此的了解和联系。人们既可以围绕感兴趣的话题进行讨论交流，借助第三方翻译软件来解决语言的阻碍，也可以共享教育资源，促进自身的发展。

三、远程学习的可能性

在远程学习中，除教师的教、学习者的学之外，技术也是必不可少的，那么目前有哪些技术可支持远程学习呢?

（一）电子邮件

在 19 世纪中后期，最早用来进行远程学习的技术是邮件。当学习者遇到一个不懂的问题时，可以发送电子邮件（E-mail）给老师，以此来寻求解决办法。采用电子邮件的方式，在一定程度上避免了学习者在师生面谈时的拘谨，有利于学习者观点的表达，并且不受时空的限制。教师也可以使用电子邮件来了解学习者的学习情况，或者审核作业。学习者除向教师等专家型人物求助外，还可以使用邮件求助于同学，通过这种模式他们可以相互学习、相互激励、共同发展。学习者还可以通过电子邮件来订阅学习资料，只要在相应的服务器支付一定的费用，就可以定期收到所需要的资料。

（二）电子公告板

电子公告板（BBS）是指在网络上开设的电子论坛，可以供公众以匿名的方式在论坛上发表自己的观点、交流信息、讨论问题，是远程学习的方式之一。

用户在进入电子公告板之后，可以看到其他人关于某一主题的最新看法，也可以毫无保留地发表自己的观点。如果用户亟须知道某一问题的答案，可以设置邮件提醒，这样只要有人回复，系统就会以邮件的方式提醒用户，以便用户第一时间看到别人的留言。

电子公告板具有这样的特点。

1）匿名性：用户在注册时可以填写网络用户名，在论坛上与人交流时，其他用户只能看到用户名，不知道真实身份，因此大家可以在论坛上大胆地发表自己的观点。

2）平等性：用户的权限是相同的，只要登录进去就可以看到所有人的讨论，也可以参与到所有人的讨论当中。

3）平民性：用户只需要能上网的计算机，就可以进入论坛，与其他人进行交流。

4）广泛性：在论坛上有来自不同地区、职业、文化背景的用户，因此可以看到有关各个方面的话题。

电子公告板的以上特点，使它成为远程学习的方式之一。学习者在交流的过程中，不用考虑对方的学历、社会地位、年龄等外在因素，具有平等地共享论坛信息、发表观点的权利。学习者在谈论区内可自主学习，搜寻所需信息；教师可以在谈论区内发起一个话题，让学习者围绕话题进行讨论，发表看法，并定期对学习者讨论的情况进行检查，并给予反馈。

（三）实时的视频会议系统

视频会议系统不仅可以实现声音、画面共享，而且能够同步编辑，实现数据、文件共享。目前，视频会议系统已经广泛应用于远程教育，并且取得了良好的效果。使用视频会议系统，可以实现授课点与听课点之间的教学交互活动，开展实时的双向可视化远程教学，能够有效地提高远程教学的质量。

教师在授课室内通过计算机、摄像系统、传输网络等将授课内容传送到听课室，听课室可以是教室，也可以是任何地点。教师和学习者可以分别在授课室和听课室看到对方的画面，听到对方的声音，其教学模式类似于面对面教学。这种形式的教学打破了空间的束缚，学习者只需要有一台可以上网的设备，就可以听到教师的授课内容。同时教师还可以录制教学的全课程，便于学习者课下复习或者给没有同步上课的同学进行观看。除了教师和学习者的双互动，学习者与学习者之间也可以利用视频会议系统进行小组研讨。

（四）多媒体技术

多媒体技术是指通过文本、音频、图形、动画和视频等多种方式呈现信息的技术。传统的远程教学只能传输声音、文本，不能进行画面交互，这使得远程学习变得枯燥、单一。多媒体技术的交互性，有效地弥补了远程教育中的不足，多媒体技术能够通过多种方式的呈现，丰富教学环境，使教学过程更加生动形象。在多媒体技术的支持下，师生之间的交流更加准确、有效，可以激发学习者学习积极性，提高学习效率。学习者高质量、高效率的学习正是远程学习的出发点。

多媒体技术除了可以使远程学习具有交互性，提高学习效率，还能够使学习者自由地选择学习方式。一方面，教师可以将多媒体内容整合到学习者可以在线访问的课程资料中，或者将资料存储到学习者可以离线观看的光盘或硬盘中以供学习者进行自主学习。目前盛行的精品课程、电子课件、多媒体图书馆等多媒体教育资源都有效地丰富了远程教育的教学内容，让学习者可以根据自己的需要自主选择远程学习的内容，使学习者不再是知识的被动接受者，而是积极的学习者。另一方面，学习者可以通过小组的形式使用视频会议系统等多媒体技术，进行协作学习。传统的协作学习需要小组成员在相同的时间到达同一地点进行讨论交流，现如今多媒体技术打破了传统协作学习在时空上的限制，能够有效提升学习效率。

此外，网上交流也能够有效规避面对面的局限，让学习者可以敞开心扉，更有利于观点的表达。

多媒体技术在教学中的应用也为教师带来了便利，教师不再受限于只能靠嘴讲的教学模式，而是可以利用文本、图片、声音、影像等多种形式来展示信息。与此同时，这也对教师的信息素养提出了更高的要求。首先，教师要改变传统的教育观念，要积极地学习多媒体技术，使用多媒体技术来促进学习者的学习。其次，教师要在课前认真地准备多媒体课件，要让知识以最生动有趣的形式展现在学习者面前，激发学习者的兴趣，抓住学习的注意力。

远程教育与计算机技术、网络技术、信息传输技术息息相关，但是多媒体技术对远程教育的影响最为深远。随着多媒体技术的快速发展，远程教育技术也会不断更新，这必将使得远程教育进入到一个新的阶段。

第二节　远程学习的策略和方法

一、学的策略

在远程学习的过程中，在教师不在场的情况下，学习者主要以自学的方式开展学习活动，教师无法实时监控学习者的学习行为，并作出指导。学习者只有掌握了恰当的学习策略，才能在远程学习中根据不同的学习任务选择合适的学习方法，合理地进行自我调节和自我监控，从而提高学习效率，达到学习目标。因此，教会学习者如何学习、帮助学习者掌握有效的学习策略，是远程教学中至关重要的问题。

（一）充分利用各种学习资源

对于远程学习的学习者而言，如何利用学习资源是影响远程学习质量的关键要素。在远程学习中，大多数学习是自主进行的，没有教师的指导，需要学习者根据学习任务，自己寻找合适的教学资源并加以利用。因此，学会如何充分利用各种学习资源是远程学习者的必备技能。首先，学习者应该制定学习目标；其次，学习者应制定学习进度；最后，学习者应学会选择相应的媒体资源。例如，当需要设计一份教案时，学习者既可以查找现成的文字版教案模板、课件，也可以搜寻撰写教案的教学视频来进行学习；但是当学习任务难度较大时，纯粹依赖文字材料是远远不够的，就像自学编程，仅仅通过阅读相关的文本教材，学习者是很难深入理解其中含义的，也很难成为一位优秀的程序员。这时，学习者可以在网上查找相关的精品课程，下载相关软件的安装包等来进一步学习。

（二）积极开展合作学习

自主学习并不是指将自己孤立开来，独自搜寻资源，解决问题。当课下教师不能实时指导时，学习者之间可以自发组建学习小组，围绕感兴趣的主题展开合作学习，共同交流讨论。合作学习对远程教育非常重要。首先，合作学习的模式有助于学习者的问题解决，当学习者遇到困难而不能解决的时候，小组成员之间可以互相帮助，通过讨论协商的方式寻求解决方案，并在此解决问题的过程中增长经验；其次，合作学习的模式能够时时刻刻激励学习者，在远程学习中，最常出现的情况就是学习者由于精神懈怠、遇到难题而半途而废，而小组合作学习的方式能够在一定程度上避免这种情况的发生。在合作学习中，学习者通过对比能够了解自身的知识技能水平处于什么样的位置，而感受到紧迫感，这种紧迫感能够激发学习者学习的动机和毅力；最后，合作学习还有利于人际关系的培养。在小组的日常学习活动中，学习者能够通过与他人的竞争、互助掌握人际交往的尺度。因此，合作学习对远程学习者的作用是非常重大的。

（三）熟练使用远程学习技术

在远程学习中，不仅需要教师掌握一定的远程学习技术，学习者也要如此。现如今，远程学习都是通过一定的技术工具来实现的，学习者只有掌握了相应的操作技术，才能让远程学习更好地为自己服务。但是由于经济、观念、知识储备等方面的原因，部分学习者只会进行简单的远程技术的操作，因此，教师还要帮助学习者提升运用远程学习技术的能力。

二、教的策略

虽然在远程学习中，强调要树立学习者的自主学习观念，要教给学习者自主学习的策略和方法，但是在任何一种形式的学习中，都离不开教师的教，都不能否定教师的主导地位。在远程教学中，教师应该积极发挥主导作用，在远程教学的各个环节中给学习者提供支持和帮助。具体来说，教师可以从以下几个方面入手。

（一）参与学习资源建设

远程学习主要涉及以下几种学习资源。

1. 多媒体资源

多媒体资源主要包括文本材料、视觉材料、听觉材料和视频。文本材料是任何类型学习任务都可以借助的学习资源，因此教师在网上教学时，可以添加额外的文本形式的文件以供学习者下载学习；与文本材料相同，视觉材料、听觉材料、视频也可以用于支持远程学习，通常教师在呈现一个较为复杂的知识点时，可以附上对应的视频教学链接，以便于学习者加深理解、记忆。

2. 网络资源

学习者在学习一个新的领域时，通常比较迷茫，难以找到准确、合适的资源。因此，教师可以提供一系列的网络资源以供学习者参考学习，例如一些交互式网站，能够帮助学习者获得更好的学习体验。

3. 图书馆资料

在远程教学过程中，教师应该确保学习者具备对应的信息查找能力来完成学习任务。其中，教师可以向学习者介绍一些好用的图书馆网站，以供学习者进行信息的查找和下载。

在远程教学中，教师需要积极参与学习资源的建设，帮助学习者更好地获取知识。比如，在各类文本书籍中附上二维码链接，让学习者扫一扫便可以观看视频版讲解；积极录制精品课程放到慕课网站上，供学习者学习。

（二）开展各种网上学习活动

在远程教学的学期开始之前，教师可以监督学习者在相应的网络平台上以发帖的形式写下这学期或者近期的学习计划和学习目标，以增强学习者的主体意识。教师也可以在每次远程教学结束后，在网络平台提出问题或者发起话题，让学习者以发帖或者以回帖的方式进行讨论交流。阅读学习者的帖子，教师可以进一步了解学习者的真实想法和技能水平，当讨论进行到一定阶段时，教师应该对学习者的讨论进行总结和引导。

在学期的各个阶段，教师还可以进行学习测验。测验结果能够帮助教师评估学习者对知识的掌握程度，及时地调整教学设计，也能帮助学习者认清自己的真实水平，提高学习的主动性和积极性。此外，教师还可以开展学习者自评、组内互评、组间互评等活动。学习者自评主要是学习者对自己的学习进度、学习过程、学习效果进行评价，有助于学习者的学习反思和总结。组内互评是指，在小组合作任务结束后，小组成员对于整组最终学习效果以及各个组员的表现进行评价。组内互评有利于形成组内的监督机制，督促每位同学认真完成学习任务，避免在合作学习中出现"搭便车"的情况。组间互评是指所有小组一起进行学习交流，并对其他小组的整体表现作出评价。组间互评的方式能够帮助学习者了解本组在整个班级中的学习水平，激发组员的集体荣誉感以及通过组间的竞争机制，促进小组学习。

（三）进行合作学习

在传统课堂中，一位教师、一支粉笔、一块黑板就能够完成一堂课的讲授，但是在远程教学中，仅仅依靠一位教师的力量是远远不够的。一堂优秀的远程教学课程通常需要多个教师的通力合作才能完成。比如说，有的教师负责课前文字材料的准备，有的教师负责镜头面前的讲授，有的教师负责课下的远程辅导等等。因此，远程教学经常需要借助一个团队的力量才能出色地完成，而团队的合作就显得格外重要。

事实上，学习者学的策略和教师教的策略并不是割裂开来的，教师的教是为学习者的学进行服务，而学习者的学正是在教师的教的基础上进行的，两者相辅相成。

第三节　在教室中的远程学习——WebQuest

一、WebQuest 的定义

尽管学习者在网上可以获取一系列信息，但是他们的搜索通常都是随机的，处于低水平的思维层次。WebQuest 能够做到以学习者为中心，使学习者高效地在网上获取信息。自 1995 年伯尼·道奇（Bernie Dodge）与汤姆·马奇（Tom March）首次开发出 WebQuest 以来，WebQuest 模型已被广泛纳入全球教育课程和员工发展工作中[①]。WebQuest 是一项面向查询的活动，在这项活动中，学习者使用的大部分或者所有信息都来源于网络[②]。许多研究表明，WebQuest 可以通过促进合作学习以及为学习者分配个人角色来提高学习者的学习能力[③]。通过这个过程，学习者可以获得学习资料、学习探究能力，避免信息过载。换句话说，WebQuest 不仅挑战学习者寻找信息的能力，而且着重于培养学习者分析、综合、评价和解决问题的能力[④]。此外，学习者可以围绕问题进行辩论，参与有意义的讨论和角色扮演，最重要的是学习者在这个过程中成了积极参与的学习者[⑤]。一个 WebQuest

---

① Bernie Dodge. Some Thoughts About Webquests 关于 WebQuests 的几点思考（节选）[J]. 蓝红宇编译. 网络科技时代（信息技术教育），2002，（6）：22-23.

② Pelliccione L, Craggs G J. WebQuests: an online learning strategy to promote cooperative learning and higher-level thinking[C]//Proceedings of AARE Conference. Perth, 2007.

③ Pelliccione L, Craggs G J. WebQuests: an online learning strategy to promote cooperative learning and higher-level thinking[C]//Proceedings of AARE Conference. Perth, 2007.

④ Dodge B. Focus: five rules for writing a great WebQuest[J]. Learning and Leading with Technology, 2001, 28: 6-9.

⑤ Watson K L. WebQuests in the middle school curriculum: promoting technological literacy in the classroom[J]. Meridian: A Middle School Computer Technologies Journal, 1999, 2（2）: 1-3.

可以被认为是一个微观世界，在这个微观世界中，学习者可以在一个合作的学习环境中去探索问题①，但是大多数的项目都是在课堂上开展的。

WebQuest 不仅能够很好地利用有限的计算机访问，其所阐述的高级思维技能的理想更是引起了许多教育工作者的共鸣。因此，近年来 WebQuest 在我国信息技术教育领域引起了广泛关注，成为信息技术教育方面的前沿课题。

那么什么是 WebQuest 呢？WebQuest 是在网络环境下，使用互联网资源针对某一问题进行探索和研究的学习平台。根据持续的时间长短，可划分为短期的 WebQuest 和长期的 WebQuest。短期的 WebQuest 是围绕某一个主题而开展的，通常需要 1～3 个课时，主要的目标是在帮助学习者理解新的知识点的同时，培养学习者的信息素养、合作精神和创造性思维等。长期的 WebQuest 则需要一周或一个月，主要目的是进一步巩固和扩展学习者所掌握的知识，激发学习者高水平的思维活动，从而产生某种形式的成果。但不管是长期的还是短期的，WebQuest 通常由以下几个部分组成。

（一）介绍

在介绍部分，教师需要提供给学习者相关的背景信息和资料，来激发学习者的兴趣，并为学习者的研究指明方向。它需要满足以下这些特点：与学习者的生活经验相关、亟须解决、有趣、充满吸引力等等。

（二）任务

在任务部分，教师需要发挥想象力，设计出可行并且有趣的任务。通常任务可被划分为 5 种类型：①当前的社会问题，例如"低头族""碰瓷""校园贷"等等；②评价历史，例如贞观之治、世界大战、唐山大地震等等；③创作作品，例如使用 PS 设计海报、Flash 制作动画、Camtasia 剪辑视频；④与现实生活相关的活动，例如应聘工作、出国旅游等等；⑤激发学习者的想象力的任务，例如遨游八大行星、穿越时空、特异功能等等。

（三）过程

在研究过程部分，教师需要一步步引导学习者去完成任务，在安排时间、任务分配、数据收集等方面给学习者提供建议。

---

① Kundu R N, Bain C. Webquests: utilizing technology in a constructivist manner to facilitate meaningful preservice learning[J]. Art Education, 2006, 59(2): 6-11.

（四）资源

教师在这部分既可以让学习者自行上网查找，也可以给出一些相关的资料链接来确保学习者能够获得一些支撑材料。

（五）结论

在结论部分，教师需要对整个 WebQuest 研究进行总结，概括学习者所掌握的知识内容，鼓励学习者对学习过程进行反思。

WebQuest 还可被应用于许多类型的课程和信息处理活动。

1）社会研究，通过监控时事来进行。

2）科学活动，比如跟踪天气，研究其他行星的太空探测器。

3）需要逻辑思维的数学难题求解。

4）在线交流信息的讨论组。

5）求职活动中的求职简历服务。

二、WebQuest 的设计实例

（一）介绍

你玩过微博吗？你在微博上写过带有攻击性的文字吗？你在微博上被他人用言语攻击过吗？近年来，网络暴力的事件层出不穷。作为当代大学生，祖国未来的接班人，身处复杂的网络环境中的你们应该如何自处？

（二）任务

任务主要围绕以下三个角度展开。

从受害者的角度来研究：由于什么原因，你遭受了网络暴力？在遭受网络暴力时，你是如何处理的？网络暴力对你产生了哪些影响？网络上对你的批评和谴责，你接受吗？

从迫害者的角度来研究：什么原因导致你在网络上攻击别人？攻击别人的时候，你开心吗？你自己有过被网暴的经历吗？如果你经历了网络暴力，你还会在网络上对人出言不逊吗？

从普通网络用户的角度来研究：你认为你在网络上的言论理智吗？当你遇到很讨厌的观点或言论，你会和他对垒吗？你如何理解网络暴力？你对网络暴力的态度是什么？你认为网络暴力的危害在于什么地方？你认为网络暴力是如何产生的？你认为有哪些好的手段有利于维护好网络秩序？

最后的研究成果需要以 Word 文档的形式呈现，呈现的内容和形式应尽量丰富。

（三）过程

准备工作：同学们自由选择自己愿意扮演的角色，相同角色的同学自动成为一组，每组 4～6 人；各个小组制定活动方案，对每个小组的成员进行合理分工；各自做好相关资料的收集工作。

活动过程：同学们针对收集到的信息进行分析、综合、评价，回复任务中所提出的问题。

汇报：每个小组推选最合适的人选进行汇报，展示自己的研究成果，并与其他小组进行交流。

（四）资源

同学们可以在微博、人民网、腾讯新闻、新浪新闻、网易新闻、凤凰网等各大新闻头条上查询信息。除此之外，同学们也可以通过其他平台、途径找到相关信息，只要保证真实有效，就可以在本次 WebQuest 中使用。

（五）结论

经过本次 WebQuest 项目的学习，相信同学们对网络暴力已经有了一个清晰的认识。然而，仅仅了解问题的严重性是远远不够的。作为当代大学生，我们应该为这个问题做些什么？快在讨论区写下你的想法吧！

第三部分

媒 体 篇

第六章 文 本 材 料

学习目标

1）理解文本素养的含义，并了解文本材料在教育领域的应用。

2）掌握影响认知发展的四种因素，能够运用这四种因素去理解文本材料。

3）掌握文本材料的设计原则，能够制作高质量的文本。

本章结构图

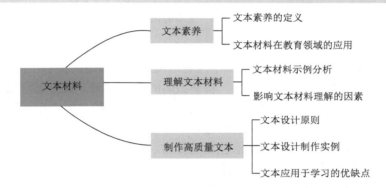

第一节 文 本 素 养

一、文本素养的定义

现如今随着多媒体技术、网络技术、移动互联技术的不断发展，学习者可以通过文本、图片、声音、动画和影像等多种媒体形式进行学习，但是在这种文、图、声、像多种信息的呈现方式下，文本仍然是学习者获取信息的最主要渠道[①]。因此，作为教学设计者，教师需要掌握设计优良文本材料的技能，给学习者营造更好的学习氛围。

观察图 6-1 两则《关于"校园小歌手"初赛报名的通知》，你认为哪一则通知设计得更好？

---

① 王雪，王志军，李晓楠. 文本的艺术形式对数字化学习影响的研究[J]. 电化教育研究，2016，37（10）：97-103.

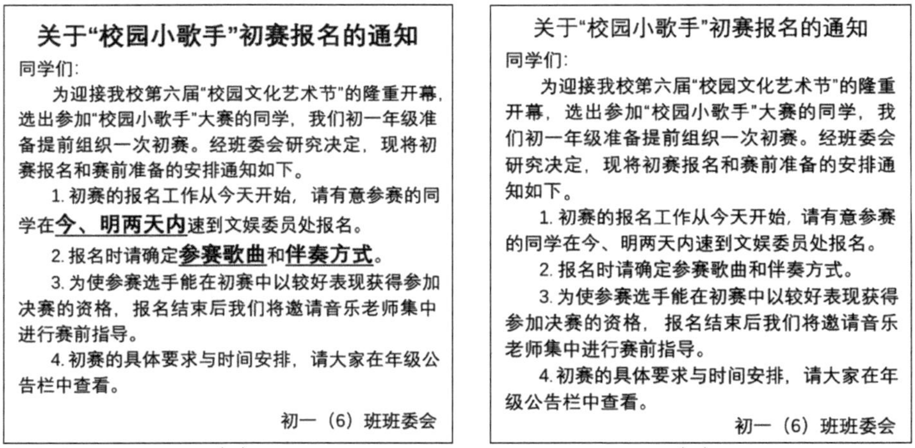

关于"校园小歌手"初赛报名的通知

同学们:

为迎接我校第六届"校园文化艺术节"的隆重开幕，选出参加"校园小歌手"大赛的同学，我们初一年级准备提前组织一次初赛。经班委会研究决定，现将初赛报名和赛前准备的安排通知如下。

1. 初赛的报名工作从今天开始，请有意参赛的同学在**今、明两天内**速到文娱委员处报名。

2. 报名时请确定**参赛歌曲**和**伴奏方式**。

3. 为使参赛选手能在初赛中以较好表现获得参加决赛的资格，报名结束后我们将邀请音乐老师集中进行赛前指导。

4. 初赛的具体要求与时间安排，请大家在年级公告栏中查看。

初一（6）班班委会

（a）

关于"校园小歌手"初赛报名的通知

同学们:

为迎接我校第六届"校园文化艺术节"的隆重开幕，选出参加"校园小歌手"大赛的同学，我们初一年级准备提前组织一次初赛。经班委会研究决定，现将初赛报名和赛前准备的安排通知如下。

1. 初赛的报名工作从今天开始，请有意参赛的同学在今、明两天内速到文娱委员处报名。

2. 报名时请确定参赛歌曲和伴奏方式。

3. 为使参赛选手能在初赛中以较好表现获得参加决赛的资格，报名结束后我们将邀请音乐老师集中进行赛前指导。

4. 初赛的具体要求与时间安排，请大家在年级公告栏中查看。

初一（6）班班委会

（b）

图 6-1　文本通知

事实上，学习者对于这两则通知的偏好并不相同。一部分学习者喜欢左边的通知，而另一部分则喜欢右边的通知，这是由阅读者想知道的内容不同而导致的。如果阅读者只想知道"校园小歌手"初赛报名的具体时间，就会更愿意看到左边的通知；如果只是想大致了解一下"校园小歌手"初赛报名的内容，而且偏好于素雅的风格，可能就会更喜欢右边的通知。

所谓文本素养（text literacy），指的是定位、理解和使用文本信息的能力。简单来说就是指将文本作为一种手段来收集信息或进行交流的能力。文本素养主要包括两类：理解文本和制作文本。其中理解文本属于输入，想要透彻地理解文本材料，可以从两个方面入手。

（一）让学习者紧密地、批判性地阅读高质量的文本

紧密地、批判性地阅读高质量的文本，可以使学习者成为主动的阅读者，形成对文本富有个性的理解和认识，使阅读活动进入理性思考的境界。那么什么才是批判性阅读？批判性阅读要求学习者以"解读者"的立场和身份去阅读，不仅只理解和鉴赏文本，还应该学会分析和评判文本；不仅关注文本本身的解读，还应该关注文学与生活、生活与社会的联系①。

（二）阅读理解策略

阅读理解需要读者在阅读过程中动态重构知识，批判地解读阅读文本②，而

① 曹红丽. 批判性阅读：使学生成为"主动的阅读者"[J]. 现代教育科学，2013，(4)：59-60.

② Rahman S A. The Effects of Linear and Non-linear Text on Students' Performance in Reading[D]. Universiti Teknologi Malaysia, 2010.

使用有效的阅读理解策略可能是帮助读者增进理解和从文本中学习知识的最重要的手段。但是没有一种策略可以一劳永逸地解决所有问题，在选择教授阅读理解策略的方法时，应该综合考虑到各个方面。作为教师，自身要掌握阅读的知识理解策略，明确运用各种策略和方法；作为学习者，可以进行小组讨论和交流，在小组里分享自己习得的知识，描述阅读理解的过程，加深自己对阅读理解策略的认知，并将阅读理解策略应用于实践中[①]。

二、文本材料在教育领域的应用

文本材料作为学习者获取信息的最主要渠道，吸引了大量研究人员针对如何使用文本材料以更好地提升学习展开了研究。梅基（Maki）和贝瑞（Berry）在1984年的两个实验中探讨了学习者在阅读文本材料后预测未来考试成绩的能力[②]。实验一表明，测试成绩高于中值的学习者对测试成绩的预测显示出一定的准确性，而测试成绩低于中值的学习者没有显示出预测的准确性。研究人员在此基础上，在实验二中进一步探讨了测试延迟间隔的影响。随后，梅基在1998年研究了与教育中实际发生密切相关的元理解（metacomprehension）方法，在阅读了无错误信息的文本材料后，学习者需要判断他们已经学了多少材料，以及他们在考试中的表现如何[③]。

尼维德（Nevid）和兰普曼（Lampmann）在2003年比较了有无信号形式呈现的文章对学习者学习表现的影响，其中有信号形式呈现的文章指的是在文章段落包含关键概念的边缘插入语，而无信号形式呈现的文章指的是无边缘插入语的标准文本[④]。该项研究结果表明，信号可以促进编码和关键概念的保留。与无信号形式的文章相比，接受包含边缘插入语的有信号形式文章的学习者在整体内容测验和评估关键概念的小测试中表现得更好。

这项研究可以在教学上给我们一些启发，例如，教学设计者在制作文本材料时，可以通过标记关键概念来提醒学习者阅读材料中包含的主要概念。课堂上教

① Feng Q A, Chen L P. A study on teaching methods of reading comprehension strategies by comparison between TEM-4 reading comprehension and IELTS academic reading comprehension[J]. Journal of Language Teaching and Research, 2016, 7(6): 1174.

② Maki R H, Berry S L. Metacomprehension of text material[J]. Journal of Experimental Psychology: Learning, Memory, and Cognition, 1984, 10(4): 663-679.

③ Maki R H. Test predictions over text material[A]//Hacker D J, Dunlosky J, Graesser A C. Metacognition in Educational Theory and Practice[M]. New York: Routledge, 1998, 131-158.

④ Nevid J S, Lampmann J L. Effects on content acquisition of signaling key concepts in text material[J]. Teaching of Psychology, 2003, 30(3): 227-230.

师也可以使用信号来帮助学习者识别关键的讲课要点。扬（Jonge）等[①]于 2013 年探讨了在学习过程中进行测试对提高文本材料长期记忆能力的影响。研究结果表明，材料的连贯性在决定测试对长期记忆的好处方面起着重要的作用。学习过程中的测试对于文本内容不连贯材料的记忆最有好处，但是对于高度结构化材料的记忆则不太有利。从这项研究中，我们可以吸取一些经验。当我们在设计内容关联度不强的文本材料时，可以在中间适当设计一些小测试来帮助学习者进行长期记忆。

　　除了上述提及的有关文本材料在教育领域的部分应用探索，实际上在其他领域，文本材料也发挥着重要的作用。有兴趣的同学可以在知网、百度学术、谷歌学术等网站上进行检索查阅。

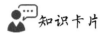 知识卡片

　　元理解：在教育环境中学习的一个重要方面是决定什么时候学习材料是已知的。学习者必须不断地对学习材料做出决定，是继续学习材料，稍后返回学习，还是因为对材料有足够的了解而停止学习。梅基把从文本中监控学习的过程称为元理解[②]。

第二节　理解文本材料

一、文本材料示例分析

　　阅读以下段落，看看你能理解到什么。

　　ocacdrngi ot a sehrerearc ta maccbriegd ineyurvtis, ti edost'n rtt aem ni awth rreod eht tlteser ni a rwdo rea, eht ylon pirmtoatn gihtn si att h het rift s nda satl ttelre eb ta het ghitr clepa. eht srte anc eb a otlta sesm dan ouy anc itlls arde ti owtuthi moprbel. Ihst si cebusea eth nuamh nidm sedo otn arde yrvee telrte yb stifl e, tub eth rdow sa a lohew.

　　看完这段话，我们可能无法判断这是什么语言，如果告诉你这是英语，你能看懂它的意思吗？如果是下面这样一段话呢，你能看懂吗？

　　Aoccdrnig to a rseheearcr at Cmabrigde Uinervtisy, it deosn't mttaer in waht

　　① de Jonge M, Tabbers H K, Rikers R M J P. The effect of testing on the retention of coherent and incoherent text material[J]. Educational Psychology Review, 2015, 27（2）: 305-315.

　　② Maki R H. Test predictions over text material[A]//Hacker D J, Dunlosky J, Graesser A C. Metacognition in Educational Theory and Practice[M]. New York: Routledge, 1998, 131-158.

oredr the ltteers in a word are, the olny iprmoatnt tihng is taht the frist and lsat ltteer be at the rghit pclae. The rset can be a total mses and you can sitll raed it wouthit porbelm. This is bcuseae the huamn mnid deos not raed ervey lteter by istlef, but the wrod as a wlohe.

这段话的意思是：剑桥大学的一名研究人员表示，单词中字母的顺序如何并不重要，重要的是第一个字母和最后一个字母要放在正确的位置。剩下的可能是一团乱麻，但你仍然可以毫无困难地阅读它。这是因为人类的大脑并不是逐个字母地阅读，而是将某单词作为一个整体来阅读。

再来阅读下面的文字：

研表究明，汉字序顺并不定一影阅响读！事证实明了当你看这完句话之后才发字现都乱是的。

这是一则在对外汉语研究论坛上讨论热烈的语言信息，究竟是为什么字的顺序被严重打乱却不影响阅读呢？有学者表示，这一现象的形成受到很多因素的制约，比如阅读过程中的视觉、心理机制影响，句子长短或汉语熟练程度等[1]。

南京师范大学心理学院心理语言学老师陈庆荣等[2]也对这个现象发表了自己的看法，他认为，人眼看文字不是逐字扫描的，而是成区域的扫视。通过实验发现，人眼盯着 1 个汉字看的时候，余光可以看到这个汉字左边的 1～2 个汉字，右边的 2～3 个汉字，加起来，人眼一次最多能看 6 个汉字。同时，在阅读整段文章时，眼睛经常是跨行阅读，跳跃着前进的。如果阅读熟练，还能多看几行，甚至"一目十行"。当看到"研表究明，汉字序顺并不定一影阅响读"这句话时，因内容常见，眼睛粗略扫描后，潜意识便默认这句话是一句简单句式，不用深加工，大脑的浅层意识会按照记忆中的顺序，自动对文字排序，以自认为正确的形式解读并记忆，就同看到一个长发飘飘的背影，不上前确认就推断这是位女子是一个道理。[3]

二、影响文本材料理解的因素

除上述提到的视觉、心理机制、阅读习惯之外，也可以用认知发展理论来解释对顺序混乱文本的理解，也就是文本理解能力。

---

① 叶静. 汉字的顺序不一定影响阅读[J]. 重庆文理学院学报(社会科学版)，2014，33(6)：77-81.

② 陈庆荣，王梦娟，刘慧凝，等. 语言认知中眼动和 ERP 结合的理论、技术路径及其应用[J]. 心理科学进展，2011，19(2)：264-273.

③ 陈庆荣，王梦娟，刘慧凝，等. 语言认知中眼动和 ERP 结合的理论、技术路径及其应用[J]. 心理科学进展，2011，19(2)：264-273.

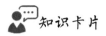知识卡片

　　认知发展理论：认知发展理论是由著名发展心理学家皮亚杰所提出的，被公认为 20 世纪发展心理学上最权威的理论。所谓认知发展是指个体自出生后在适应环境的活动中，对事物的认知及面对问题情境时的思维方式与能力表现随年龄增长而改变的历程。皮亚杰对认知发展研究的特殊兴趣是出于将儿童的认知发展看作是沟通生物学与认识论的桥梁，他认为通过对儿童个体认知发展的了解可以揭示整个人类认识发生的规律，从而建构起他的整个学说——"发生认识论"。

　　认知发展理论可以把对文本的理解能力看作是个人的认知发展过程。根据皮亚杰的认知发展理论，影响认知发展的因素有四种。

　　（一）成熟因素：生理的成熟，主要是指神经系统的成熟

　　皮亚杰认为，生理的成熟是心理发展的必要条件，而非充分条件。因此，如果没有教育，计算能力和思考能力是不能随着生理的成熟自然而然出现的。

　　在小学阶段，不难发现，男生和女生对于相同文本的理解是有差异的。一般来说，女生的文本理解能力高于男生，这是由生理的原因或者说是由神经系统发育的原因引起的。因此在进行教学设计时，就要考虑到男女生在文本理解上的差异。

　　（二）经验因素：包括物理经验和数理逻辑经验

　　物理经验是指个体作用于物体抽象出来的物体特性，如大小、形状、重量等。物理经验的本质特点：它源于物体本身，这些性质是物体本身所固有的。

　　例如，当学习新单词 apple（苹果）时，只要之前吃过苹果，大脑就会自动联想到它是一种水果，以及这种水果的颜色、形状等属性。在看到关于苹果的这段介绍时[Apples: Fruit is round, tastes sweet. It's common fruit in the world. Apples are usually red, but there are yellow and green.（苹果：该水果是圆的，吃起来很甜。它是世界上一种常见的水果。苹果通常是红色的，但也有黄色和绿色的。）]，就非常容易理解了。这也说明，物理经验会影响人们对文本的理解。如果在阅读文本材料时，之前我们具有相关的物理经验，就会更加容易理解文本材料的内容。但如果我们完全没有与之相关的经验，可能很难深刻地体会文本材料的内容。

　　数理逻辑经验是指对物体之间关系的认识。例如，"小儿咳嗽糖浆"的药瓶上写着"喝前请摇一摇"，那"摇一摇"是作用于药品还是病人呢？虽然药瓶上并没有指明作用的主体，但是如果具备一定的数理逻辑经验，就会知道"摇一摇"作用的主体是"小儿咳嗽糖浆"，在喝前需要摇一摇"小儿咳嗽糖浆"的药瓶。相反，如果不具备这方面的数理逻辑经验的人在看到这句说明后，将自己的身体进行前

后左右摇动是不正确的。

（三）社会环境：主要是指社会生活、文化教育、语言等

请看以下这组单词及其对应的含义。

busboy	餐馆勤杂工
busybody	爱管闲事的人
eleventh hour	最后时刻
confidence man	骗子
sweet water	淡水

这些英语单词大家都认识，但是它们的中文含义并不是其字面的简单翻译，而是需要与当地的社会生活联系起来才能真正理解。如果不清楚文化背景，那文本理解就达不到相应的层次。例如，busboy 字面含义是巴士上的男孩，和餐馆并无联系，翻译成"餐馆勤杂工"是因为在 19 世纪西方有一种叫作 omnibus 的马车，这种马车多用于公共交通服务，运载各种乘客，是现代公共巴士的前身。同时 omnibus 这个词源自于拉丁语，有"包括所有"的意思。当时的餐馆勤杂工因为承揽了餐馆中所有的杂务，工作内容也可被称为"无所不包"，所以被称为 omnibus boys。随着科技的进步，汽车逐步替代了马车，bus 替代了 omnibus，而 omnibus boys 的称呼也就变成了 busboy，所以 busboy 就是"餐馆勤杂工"的意思。

在中文中，也有字面含义与实际含义大相径庭的例子，例如"老铁""黄牛""铁公鸡""走狗"等。当不了解中国文化的外国人第一次听说这些词时，难以理解它的真正含义。正因为这些习惯用语改变了其字面含义，所以对文本的理解也需要了解当地的文化生活。

（四）平衡

皮亚杰认为，上述三种因素都是认知发展的必要条件，而不是充分条件，且都不是心理发展的决定因素。真正对认知发展起决定作用的是"平衡"，它是心理发展中最重要的因素，而平衡的实质是自动调节。

介绍完影响认知发展的 4 种因素后，请看下面的例子。如果想要理解这首诗，应该如何做呢？

锦瑟

锦瑟无端五十弦，一弦一柱思华年。
庄生晓梦迷蝴蝶，望帝春心托杜鹃。
沧海月明珠有泪，蓝田日暖玉生烟。
此情可待成追忆？只是当时已惘然。

在学习古诗时，我们通常要先查找诗中每个词的含义，然后了解当时作者写这首诗的背景，最后诵读多遍认真体会。这个过程也就对应着经验因素、社会环境因素和平衡因素。

第三节　制作高质量文本

文本制作时，需要传递的是一种媒介产生的综合作用，这种作用会导致视觉系统调动认知系统进行解读。值得注意的是，文字本身以及文字间的组合只是影响理解的最浅层因素，真正影响人们对文本解读的仍然是成熟因素、经验因素、社会环境、平衡四种因素。

一、文本设计原则

文本作为学习者获取信息的最主要渠道，除了文本本身需要表达的内容，其呈现和组织方式也会对学习者的认知过程和学习效果产生影响[①]。文本呈现的属性包括字体、字号、颜色、字距、行距、段距和对齐等属性。

（一）字体

通常根据行业的属性去选择相关联风格的字体。例如，根据文化感、现代感、庄重感等风格要求来进行设计。此外还可以根据文字功能去选择不同字体，例如在论文写作、制作海报时，经常用到的是主标题、副标题、引文、正文等，但是在设计中通常忌讳用太多风格种类的字体。在图 6-2 中，将"紧急运行中心"等文本加黑后，可以使文本的重点更加醒目。

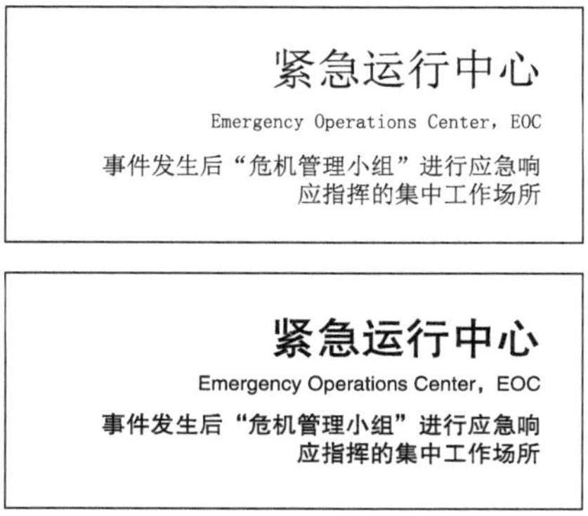

紧急运行中心

Emergency Operations Center, EOC

事件发生后"危机管理小组"进行应急响应指挥的集中工作场所

紧急运行中心

Emergency Operations Center, EOC

事件发生后"危机管理小组"进行应急响应指挥的集中工作场所

图 6-2　改变字体，突出重点

---

① 水仁德，王立丹. 字体大小和呈现位置对多媒体课件文字理解的影响[J]. 应用心理学，2008，14（2）：187-192.

（二）字号

请看图 6-3（a），在这些密密麻麻的文字中，哪些是对你有用的信息？或许你很难分辨，但是只要经过稍微分级提炼，改变一下文本的字号，如图 6-3（b）所示，版面立即变得语义清晰、重点突出。不过值得注意的是，并不是标题的文字越大越好，标题和正文的字号应循序渐进，依次递减（图 6-4）。

放眼全球一个领袖的超越祝贺中国500强企业正式进入青羊工业总部基地。一个空前规模的工业据点，一个空前瞩目的总部特区，一个前所未有的企业聚会。谁能引导工业，谁能领航工业，唯有你们的声音能震撼整个工业。

（a）

放眼全球
一个领袖的超越

**祝贺中国500强企业
正式进入青羊工业总部基地**

一个空前规模的工业据点，一个空前瞩目的总部特区，一个前所未有的企业聚会。
谁能引导工业，
谁能领航工业，
唯有你们的声音能震撼整个工业。

（b）

图 6-3 改变字号，提炼主题

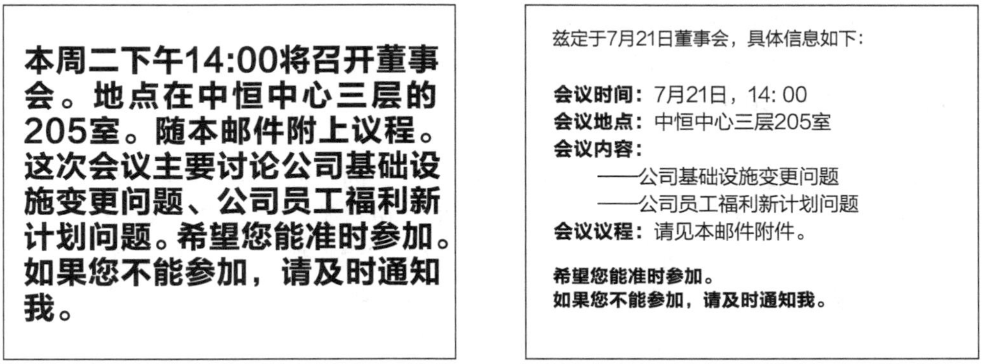

本周二下午14:00将召开董事会。地点在中恒中心三层的205室。随本邮件附上议程。这次会议主要讨论公司基础设施变更问题、公司员工福利新计划问题。希望您能准时参加。如果您不能参加，请及时通知我。

（a）

兹定于7月21日董事会，具体信息如下：

会议时间：7月21日，14：00
会议地点：中恒中心三层205室
会议内容：
　　——公司基础设施变更问题
　　——公司员工福利新计划问题
会议议程：请见本邮件附件。

**希望您能准时参加。
如果您不能参加，请及时通知我。**

（b）

图 6-4 改变字号，突出重点

（三）颜色

合理使用字体颜色，能更好地强调主题。我们可以选择和原来的文字颜色差别较大的色调，例如，上课的课件一般采用白底黑字，对于需要强调的内容可以选择亮丽的红色系、橙色系、蓝色系、绿色系等。图 6-5（a）只是使用白底黑字来呈现信息，重点不突出，而图 6-5（b）则通过改变颜色、增大字号的方式凸显了各地抢险情况的人数、时间、调查组，各项信息一目了然。

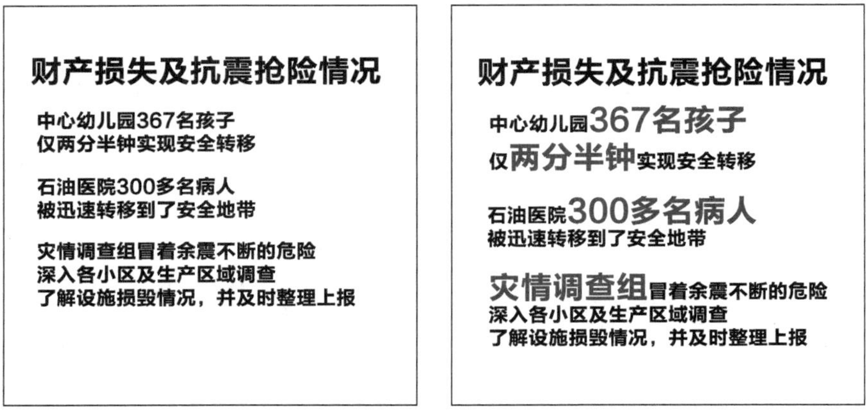

图 6-5　改变颜色，强调主题

（四）字距

字距，即字符间距，是指每个横向或竖向字之间的距离，字距的大小会影响一行或者一个段落的文字密度。常见的字符间距有紧密、标准、加宽三种类型。

例 1　下面这段文字的字符间距设置的是"加宽"，但是文字本身的字号偏小，所以显得过于松散，并且该文本内容采用的是两端对齐的方式，给人的第一眼感受是，不知道文字内容是应该从左往右、从右往左，还是从上到下进行阅读，给人带来较大的视觉困扰。

A 凭借专业的策略、创意与设计团队，专注于品牌的塑造与传播，在地产、能源、陶瓷、快消品等领域积累了丰富的品牌与产品传播服务经验，在传播各个层面成功，并维播了诸多知名本的企业品牌思长"在主"导下，笃信"与品牌站专品顾牌的塑理念，提全一，注价值的品牌造及及品牌供"运作程务，实专为品牌价的最大化，传播致力于成区域品牌第一创造商。

例 2 下面的文本设计虽然不存在阅读方向的困扰，但是字符间距设置的是"紧密"，文字之间存在重叠，需要仔细辨认才能看清文本的内容，不利于学习者进行学习。

A 凭借专业的策略、创意与设计团队，专注于品牌的塑造与传播，在地产、能源、陶瓷、快消品等领域积累了丰富的品牌与产品传播经验，在传播的各个层面成功服务了诸多知名企业和品牌，并在"人性、本质、进化"的思维主导下，笃信"与品牌共成长"的理念，提供全程一站式品牌顾问及品牌运作服务，专注于品牌的塑造与传播，实现品牌价值的最大化，致力于成为区域品牌第一创造商。

例 3 下面这个例子采用的是"标准"的字符间距，符合大众的视觉习惯。

A 凭借专业的策略、创意与设计团队，专注于品牌的塑造与传播，在地产、能源、陶瓷、快消品等领域积累了丰富的品牌与产品传播经验，在传播的各个层面成功服务了诸多知名企业和品牌，并在"人性、本质、进化"的思维主导下，笃信"与品牌共成长"的理念，提供全程一站式品牌顾问及品牌运作服务，专注于品牌的塑造与传播，实现品牌价值的最大化，致力于成为区域品牌第一创造商。

对于字距的设计，有研究人员进行了实证研究。莊仲仁（Chuang，Chong-jen）研究了印刷文本的字距和行距对阅读绩效的影响，研究结果表明行距对阅读绩效没有显著影响，但是不同字距下的阅读绩效存在显著差异[1]。黄雪玲（Sheue-Ling Hwang）等人进一步探讨了在视频显示终端（visual display terminal，VDT）的静态页式和滚动式两种显示方式下字距对阅读绩效的影响，其实验结果与莊仲仁的结论一致，适宜的字距会提高阅读绩效[2]。

沈模卫等人探讨了不同窗口下（10字窗口、20字窗口），五个水平的字距（0字距、1/8字距、1/4字距、1/2字距和1字距）对引导式汉语阅读工效的影响[3]。研究表明，10字窗口下，字距效应显著；20字窗口下，字距效应不显著。由此可见，在文本材料设计时应该重视字距的设计。

（五）行距

行距，即行间距，是指邻近两行之间的距离。在利用 Word 文档进行文本材

① Chuang C-j. Effects of inter-word and inter-line space on reading Chinese[J]. Acta Psychologica Taiwanica. 1982, 24（2）: 121-126.

② Hwang S L, Wang M Y, Her C C. An experimental study of Chinese information displays on VDTs[J]. Human Factors: the Journal of the Human Factors and Ergonomics Society, 1988, 30（4）: 461-471.

③ 沈模卫，李忠平，张光强. 词切分与字间距对引导式汉语文本阅读工效的影响[J]. 心理学报，2001，（5）: 410-415.

料制作时，最常使用的行距是单倍行距和 1.5 倍行距，最大不宜超过 2 倍行距。

例 1　在下面这个例子中，由于行间距设置得过小（固定值：10 磅），文字几乎看不清，设计者在进行文本材料的制作时应该避免这种情况。

A 凭借专业的策略、创意与设计团队，专注于品牌的塑造与传播，在地产、能源、陶瓷、快消品等领域积累了丰富的品牌与产品传播经验，在传播的各个层面成功服务了诸多知名企业和品牌，并在"人性、本质、进化"的思维主导下，笃信"与品牌共成长"的理念，提供全程一站式品牌顾问及品牌运作服务，专注于品牌的塑造与传播，实现品牌价值的最大化，致力于成为区域品牌第一创造商。

例 2 和例 3 设置的分别是单倍行距和 1.5 倍行距，都是常见的两种行距设置。有学者对不同的行距是否影响文本材料的学习效果进行了研究。禤宇明等人在 2004 年考察了三种不同行距（无行距、单倍行距、两倍行距）对汉字网页关键词搜索时间的影响[①]。研究结果与前人研究的结论一致，行距对关键词的搜索时间没有显著影响，但是所有被试者都喜欢单倍行距的格式，最不喜欢无行距的格式。因此，在文本材料设计的时候，设计者只需根据自己的视觉需求选择适当的行距即可。

例 2

A 凭借专业的策略、创意与设计团队，专注于品牌的塑造与传播，在
地产、能源、陶瓷、快消品等领域积累了丰富的品牌与产品传播经验，
在传播的各个层面成功服务了诸多知名企业和品牌，并在"人性、本
质、进化"的思维主导下，笃信"与品牌共成长"的理念，提供全程
一站式品牌顾问及品牌运作服务，专注于品牌的塑造与传播，实现品
牌价值的最大化，致力于成为区域品牌第一创造商。

例 3

A 凭借专业的策略、创意与设计团队，专注于品牌的塑造与传播，在

地产、能源、陶瓷、快消品等领域积累了丰富的品牌与产品传播经验，

在传播的各个层面成功服务了诸多知名企业和品牌，并在"人性、本

质、进化"的思维主导下，笃信"与品牌共成长"的理念，提供全程

一站式品牌顾问及品牌运作服务，专注于品牌的塑造与传播，实现品

牌价值的最大化，致力于成为区域品牌第一创造商。

---

① 禤宇明，傅小兰. 格式、偏好和性格对汉字网页关键词搜索的影响[J]. 人类工效学，2004，(2): 1-3, 19.

（六）段距

段距，即段落间距，主要是指段落与段落之间的距离。在 Word 文档中可设置增加段前、段后间距，删除段前、段后间距。常见的段落间距有 1.0、1.15、1.5、2.0、2.5 和 3.0。

例 1 下面这段文字呈现了非常常见的一类问题：所有的文字挤在一起，字体小不利于阅读，段落的层次也不够清晰，通篇没有任何特点。

全案策划的全称为企业全案策划，是对企业内部、外部进行全方位的系统策划，既包括了战略，又包含了战术；既包括了企业内部的管理体系策划，又包括了企业的外部市场策划。全案策划不仅解决了企业短期的业绩问题，同时也解决了企业的长期经营管理问题。全案策划是以战略为目标，以品牌为核心，以产品为命脉，以人力为基础，以财务为关键，以营销为重点的系统策划工程。
企业全案策划不同于营销全案策划，营销全案策划解决的只是企业市场的问题；不同于品牌全案策划，品牌全案策划解决的只是企业品牌建设的问题；不同于广告全案策划，广告全案策划解决的只是企业广告宣传的问题；不同于公关全案策划，公关全案策划只是企业推广的手段之一。企业全案策划亦不同于企业管理咨询，企业管理咨询解决的是企业长期经营管理问题，目前的企业管理咨询公司多为解决企业内部管理问题。

例 2 下面这段文字在字体、字号、颜色上与例 1 相同，但是设置段落首行缩进 2 个字符，并且将行间距改为 1.5。与例 1 相比，显然，例 2 的文本在"首行缩进、行间距"上的改进更符合大众的视觉审美需求。

全案策划的全称为企业全案策划，是对企业内部、外部进行全方位的系统策划，既包括了战略，又包含了战术；既包括了企业内部的管理体系策划，又包括了企业的外部市场策划。全案策划不仅解决了企业短期的业绩问题，同时也解决了企业的长期经营管理问题。全案策划是以战略为目标，以品牌为核心，以产品为命脉，以人力为基础，以财务为关键，以营销为重点的系统策划工程。

企业全案策划不同于营销全案策划，营销全案策划解决的只是企业市场的问题；不同于品牌全案策划，品牌全案策划解决的只是企业品牌建设的问题；不同于广告全案策划，广告全案策划解决的只是企业广告宣传的问题；不同于公关全案策划，公关全案策划只是企业推广的手段之一。企业全案策划亦不同于企业管理咨询，企业管理咨询解决的是企业长期经营管理问题，目前的企业管理咨询公司多为解决企业内部管理问题。

例 3 下面这段文字在例 1 的基础上，改进了行间距和段落间距，段落的层次感更加明显，但是没有设置段落首行缩进，仍显美中不足。

全案策划的全称为企业全案策划，是对企业内部、外部进行全方位的系统策划，既包括了战略，又包含了战术；既包括了企业内部的管理体系策划，又包括了企业的外部市场策划。全案策划不仅解决了企业短期的业绩问题，同时也解决了企业的长期经营管理问题。全案策划是以战略为目标，以品牌为核心，以产品为命脉，以人力为基础，以财务为关键，以营销为重点的系统策划工程。

企业全案策划不同于营销全案策划，营销全案策划解决的只是企业市场的问题；不同于品牌全案策划，品牌全案策划解决的只是企业品牌建设的问题；不同于广告全案策划，广告全案策划解决的只是企业广告宣传的问题；不同于公关全案策划，公关全案策划只是企业推广的手段之一。企业全案策划亦不同于企业管理咨询，企业管理咨询解决的是企业长期经营管理问题，目前的企业管理咨询公司多为解决企业内部管理问题。

例 4 在下面这个例子中，段落间拉开了一定的距离，增大了行间距，同时段落首行也设置了缩进，文档层次感开始显现。

全案策划的全称为企业全案策划，是对企业内部、外部进行全方位的系统策划，既包括了战略，又包含了战术；既包括了企业内部的管理体系策划，又包括了企业的外部市场策划。全案策划不仅解决了企业短期的业绩问题，同时也解决了企业的长期经营管理问题。全案策划是以战略为目标，以品牌为核心，以产品为命脉，以人力为基础，以财务为关键，以营销为重点的系统策划工程。

企业全案策划不同于营销全案策划，营销全案策划解决的只是企业市场的问题；不同于品牌全案策划，品牌全案策划解决的只是企业品牌建设的问题；不同于广告全案策划，广告全案策划解决的只是企业广告宣传的问题；不同于公关全案策划，公关全案策划只是企业推广的手段之一。企业全案策划亦不同于企业管理咨询，企业管理咨询解决的是企业长期经营管理问题，目前的企业管理咨询公司多为解决企业内部管理问题。

以上的四个例子，都是围绕着正文段落的设计，其实在使用 Word 文档制作文本材料时，设计者还需要调整标题的段落。通常文档标题的字号都比较大，为了显示出标题与正文之间的关联性，一般会取消或减少正文段落的段前距值。

（七）对齐

这里主要介绍了左右对齐、左对齐、右对齐三种方式。

左右对齐：书籍、报刊中最常用的一种格式，从左至右两端长度相等，版面清晰有序（图6-6）。

剪纸是中国民间美术中一个比较单纯的门类，因其材料廉价、制作简易、题材广泛、功用多样而十分普遍。剪纸的特点是构图单纯，造型洗练，线条明快，黑白分明，形式优美，富有装饰情趣。其造型是抓住对象的特征和便于装饰的因素进行夸张和变形，对造型和线条都要作艺术加工处理。这种艺术来自民间，开始于"花样子""窗花""挂落"等形式，后发展成丰满、明快、柔和、优美的手工艺术品，既具有欣赏性，也有实用价值，既富有画意，也有装饰趣味。其作品如花卉、虫鱼、鸟兽都栩栩如生，秀丽挺拔，充满活力。

图6-6 左右对齐

左对齐：这种编排方式常见于诗歌中，最符合人从左到右的阅读方式，空白处可以使阅读变得轻松，整齐中又有流动感（图6-7）。

怒发冲冠，凭栏处、潇潇雨歇。
抬望眼、仰天长啸，壮怀激烈。
三十功名尘与土，
八千里路云和月。
莫等闲、白了少年头，空悲切！

靖康耻，犹未雪。
臣子恨，何时灭？
驾长车，踏破贺兰山缺。
壮志饥餐胡虏肉，
笑谈渴饮匈奴血。
待从头、收拾旧山河，朝天阙。

图6-7 左对齐

右对齐：右对齐的不规则性增加了阅读的趣味性，在律动中富有变化，这种格式只适合文字较少的内容或文字不是作为阅读而是作为装饰时（图6-8）。

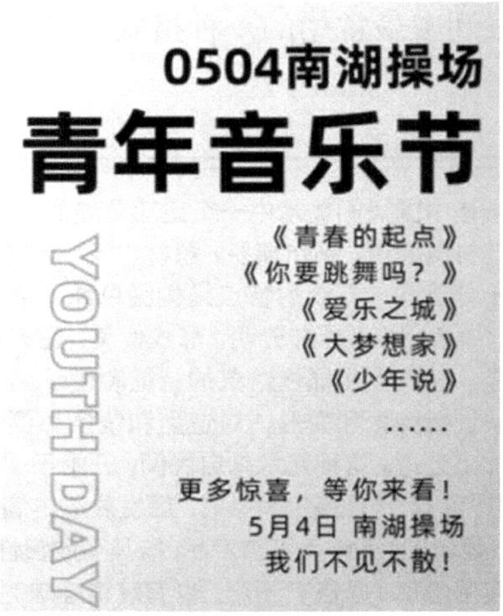

图 6-8　右对齐

二、文本设计制作实例

假设现在某公司举办"教学设计"这一职位的面试，每个小组选取一位同学进行应聘。在面试开始前，应聘者需要准备一份简历，请每个小组完成一份简历，之后在面试现场进行展示。

要求：采用纯文本形式，内容清晰明确，重点突出，让面试官可以在两分钟之内了解应聘者，并使自己能成功应聘此职位。（可以假设自己毕业后达到的能力。）

请将你的设计画在下面的方框中。

实际上，面试官拿到简历，首先看到的就是简历的框架，也就是关注前面提到的字体、字号、颜色、对齐等文本属性的设置。一份简历如果整体的文本内容杂乱、重点不突出，不能让面试官一目了然地看到面试者的个人优势，那么很有可能会被面试官遗弃。

如图 6-9 所示的 3 张图片是真实的课堂上的 3 个小组设计的简历，可以看出有的小组设计的版式较为美观，有的小组设计的版式还存在很大的问题。除了字体、字号、颜色和字距等文本属性上存在视觉效果的问题，这 3 个小组设计的简历还存在文本内容与主题不符的问题。此次活动设计的主题是设计应聘"教学设计"岗位的简历，简历上展示的工作经验和个人技能方面就应该是与"教学设计"息息相关的。例如，工作经验一栏可以填写家教、支教、教学助理、学校实习等与教学有关的经验；个人技能一栏应该展示与"教学设计"相关的技能。但有些小组设计的简历，并没有很好地展示出自己在"教学设计"上的能力。有的小组在个人技能一栏填写了计算机等级考试、PS 平面设计、Adobe Premiere Pro 视频剪辑等与"教学设计"无关的内容，没有展示出在教学设计上的技能。

（a）

（b）

（c）

图 6-9　小组的简历作品展示

三、文本应用于学习的优缺点

不管是利用文本教学来促进学习，还是利用文本来进行教学设计，都应该从学习者的角度出发，提供学习者需要的信息。那么，文本应用于学习有哪些优缺点呢？如表 6-1 所示。

表 6-1　文本应用于学习的优缺点

项目	优点	缺点
内容	● 可用性（availability） ● 灵活性（flexibility） ● 可移植性（portability） ● 用户友好（user-friendly） ● 个性化（personalization）	● 阅读水平（reading level） ● 词汇（vocabulary） ● 单向的展示（one-way presentation） ● 课程的决心（curriculum determination） ● 粗略的评估（cursory appraisal）

练　一　练

本章学习结束后，同学们可完成一个小练习，修改以下"闪电形成"文本，让它更具吸引力。

要求：小组采用 doc 编辑软件，它可以调整文本的字体、字号、行距，在 1 张 A4 纸大小的版面上完成文档。文档不允许添加图形和图像，可以插入特殊符号。

闪电是云层和地面所带的不同电荷之间的放电现象。在美国每年大约有 150 人遭闪电击中而身亡。游泳者易受闪电袭击，因为水是电荷的良导体。当地面受热时，地表的湿润空气因此变热而迅速上升，形成上升气流。飞机飞越上升气流时会颠簸。上升气流遇冷时凝结成小水珠而形成云。云的上层伸展到气温低于零度的高空而凝结成冰晶。

云层中的水珠和冰晶越积越多，最后上升气流不堪重负，水珠和冰晶带动空气往下运动形成下降气流（云层中的这种气流的上下运动还可能产生冰雹）。当下降气流抵达地表时，向四周扩散，形成我们常见的雨前阵风。雷电袭击地面时，灼热的雷电还会熔化砂石形成看似电路的闪电岩。

云层内气流的运动导致了电荷的堆积。虽然科学家对这个过程还不完全清楚，多数认为电荷的产生是云层中较轻的上升气流与冰晶等较重的下降微粒之间的撞击所致。为了弄清这些过程，科学家通过向云层发射微型火箭引发闪电。带负电荷的微粒沉积在云层底部，而大部分正电荷的微粒在云层上部。

第七章 视 觉 材 料

学习目标

1）掌握视觉材料的定义以及视觉素养（visual literacy）的内涵，能够应用视觉素养去解释视觉材料。

2）掌握六类课堂中常用的视觉材料，能够根据视觉材料的不同作用恰当选择并应用到实践中。

3）掌握视觉材料的六大功能，能够准确地区分出不同功能的视觉材料。

4）意识到视觉材料的有效性和重要性，掌握视觉材料的设计原则，并能够基于设计原则完成视觉材料的设计和制作。

本章结构图

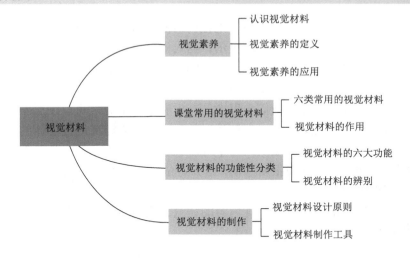

第一节 视 觉 素 养

一、认识视觉材料

视觉材料是指通过视觉来传递信息的媒体。视觉材料与教学的关系可以从夸美纽斯（Comenius）的直观教学论说起。夸美纽斯是 17 世纪捷克的伟大爱国者、教育改革家和教育理论家，是人类教育史上里程碑式的人物，有"教育学之父"

之称①。他曾说过：凡是需要知道的事物，都要通过事物本身来学习，应该尽可能把事物本身或代替它的图像呈现给学习者；尽量让学习者去摸一摸、看一看、闻一闻②。这一思想在他的直观教学论中得到了充分体现，他认为，教学中应当充分利用视觉器官的优势，包括学习来源于感观的经验，口头教学应尽可能以图示做辅助等观点。他为学习拉丁文和科学的孩子编写了世界上第一本最流行的以大量视觉材料作辅助的课本《图画中见到的世界》（The World in Pictures）。这本书于1658年出版，曾在欧美大陆风行了两个多世纪，直到1810年还在美国使用。

在我国教育信息化的不断推进中，如何在教育理论引导下正确高效地使用信息技术和教学媒体，成为教师必须面对的一个紧迫课题③。时至今日，视觉材料依旧是教学中不可或缺的重要媒体资源。可以说，国内教学课件大赛的优秀作品，都是正确运用视觉材料的典范。

视觉材料与文本材料（文字或口头表达）之间最显著的区别在于情感影响。具体来说，文本/语言材料让人们沿着更理性、逻辑和线性的思维路径前进④，而视觉被认为是让人们沿着情感的路径前进，也因此更容易唤起人们的情感共鸣。但由于社会经验、情感领悟力等的差异，不同群体中的个体对相同的视觉效果可能有不同的反应。

一些关于慈善捐赠的研究说明了视觉材料的情感力量。与残疾相关的慈善海报活动和观看海报的人之间的互动显示，当人们看到描绘儿童而不是成人的海报时，他们倾向于捐赠更多的钱。残疾儿童的图像可能会唤起人们特定的情感，例如痛苦，这可能会在捐赠意愿中发挥作用⑤。

考虑到群体间的差异，我们会思考：有没有不同的方法可以说服不同的团体捐钱给慈善机构？研究表明⑥，一方面，来自较高社会经济地位群体的人憎恨唤起怜悯的形象，更喜欢促进残疾人的平等权利；另一方面，社会地位较低的人会被唤起同情和触动心弦的海报所感动。这为定位和识别如何在视觉信息的"阅读"方式中发挥作用提供了一个突破口。

因此，不仅是情感基调和视觉内容的质量，观看者的定位和认同也影响着视觉材料发挥作用。

① Saettler L P. The Evolution of American Educational Technology[M]. Englewood Colo: Libraries Unlimited, 1990.

② Comenius J A. Didáctica magna[M]. Madrid: Ediciones Akal, 1986.

③ 李玉梅. 谈视觉材料在教学中的应用[J]. 电化教育研究，2010，(7)：111-112.

④ Joffe H. The power of visual material: persuasion, emotion and identification[J]. Diogenes, 2008, 55(1): 84-93.

⑤ Kogut T, Ritov I. The "identified victim" effect: an identified group, or just a single individual[J]? Journal of Behavioral Decision Making, 2005, 18(3): 157-167.

⑥ Radley A, Kennedy M. Reflections upon charitable giving: a comparison of individuals from business, 'manual' and professional backgrounds[J]. Journal of Community & Applied Social Psychology, 1992, 2(2): 113-129.

二、视觉素养的定义

图片是一种常见的视觉材料。在正式学习之前，请大家思考，日常生活中自己是如何解读图片所包含的信息的。图 7-1 中有 4 张内容不一的图片，它们没有固定的次序，你能从这些图片中获得哪些信息呢?

（a）　　　　　　　　　　　（b）

（c）　　　　　　　　　　　（d）

图 7-1　视觉材料案例图

有人认为是"爱情"，有人认为是"开心"。可能这组图片在讲述一个青梅竹马的温馨故事：在一个晴朗的日子里，男孩和女孩出生了，他们的父母是至交，于是有了这样一张婴儿时期的合影。随着时间慢慢流逝，男孩和女孩都长大了，他们时不时会一起出去玩耍，留下愉快的回忆。日子渐渐过去，男孩长成了男人，女孩还是他眼中的那个女孩，他们情投意合，喜结连理。最后，在夕阳的余晖下，两人白发苍苍，坐在曾经玩耍的公园座椅上，回想着一路走来的漫漫时光。

当看到这些图片时，上述想法都会自然而然地产生（当然，前提是不仔细考证图片中人物的发色变化）。实际上，在整个联想过程中，我们先把图片的信息进行解码，然后再编码，这产生了自身获取的信息。这种编码和解码的能力，就称为视觉素养。

视觉信息的历史可以追溯到 3 万年前的洞穴绘画，但对于视觉素养而言却并非如此久远。关于视觉素养的定义存在着许多不同的观点。

视觉素养这一概念最早由约翰·迪贝斯（John Debes）在 1969 年提出，并对其定义做出试探性总结[①]："视觉素养是指一组视觉能力，一个人可以通过观察同时拥有和整合其他感官体验来发展这些能力。这些能力的发展是正常人类学习的基础。当它们被开发出来时，能够使一个有视觉素养的人辨别和解释他在环境中遇到的可见的动作、物体、符号等，无论是自然的还是人为的。通过创造性地运用这些能力，他能够与他人交流。通过对这些能力的欣赏性运用，他能够理解并欣赏视觉传达的杰作。"他认为[②]："视觉素养是一个多方面的主题，具有许多未知的参数。"正如伯曼（Bieman）[③]说的，"这个定义确实告诉了我们具有视觉素养的人能够做什么，但没有告诉我们什么是视觉素养"。这也是为什么利维（Levie）[④]写下这段话："迪贝斯定义的关键问题不在于它包含了太多或不恰当的刺激，而在于它用感觉模态（sensory modality）而不是用象征模态（symbolic modality）来定义感兴趣的刺激。"

利维的批评指出了语言（verbal）和视觉素养之间存在的界限，虽然这个界限还比较模糊。符号对于人类交流的所有表达都是至关重要的，它是我们促进信息传输和接收的工具，但由于视觉符号在某些情况下是非任意的，象征性的和代表性的（如交通标志），而在其他情况下，它们可能是任意的，数字的，并且不一定具有直接的代表性（如某些抽象艺术作品），所以必须区分哪些属于语言范畴，哪些属于视觉素养范畴。

之后，奥斯本（Ausburn）等基于有意交流（intentional communication）的概念，形成了他们对视觉素养的定义。他们定义的视觉素养是"一组技能，使一个人能够理解并利用视觉来有意地与他人交流"[⑤]。

这个定义影响了许多人对这个概念的看法，例如教育技术专家霍廷（Hortin）等，在该定义的基础上增加了第三个原则，即视觉思维，发展了自己对这个术语的定义："视觉素养是理解（读）和使用（写）图像以及根据图像进行思考和学习的能力，即视觉思考的能力。"[⑥]这一定义结合了视觉语言、视觉思维和视觉学习的关键因素，试图界定视觉素养的范围，在形式和内容上似乎都是最完整的。然而，它并没有解决设计、创造力和美学的问题，而这些有可能会是人们期望整合到概念的一部分。

因此，柯蒂斯（Curtiss）提供了一个更加丰富的定义："视觉素养是理解视觉

① Debes J L. The loom of visual literacy-an overview[J]. Audiovisual Instruction, 1969, 14(8): 25-27.

② Debes J L. Some hows and whys of visual literacy[J]. Education Screen Audiovisual Guide, 1969, 48: 14.

③ Bieman D J. Visual literacy in the elementary grades[A]//Everest K. AMTEC'84, A Kaleidoscope of Media. Ontario: Association for Media and Technology in Education, 1984:5-8.

④ Levie W H. A prospectus for instructional research on visual literacy[J]. ECTJ, 1978, 26(1): 25-36.

⑤ Ausburn L J, Ausburn F B. Visual literacy: Background, theory and practice[J]. Programmed Learning and Educational Technology, 1978, 15(4): 291-297.

⑥ Bradent R A, Hortin J A. Identifying the theoretical foundations of visual literacy[J]. Journal of Visual Verbal Languaging, 1982, 2(2): 37-42.

陈述在任何媒介上的交流的能力，以及用至少一种视觉规则表达自己的能力；理解作品文化背景下的主题和意义，分析作品的句法成分和文体原则；评价作品的学科和美学价值，直观地把握作品的格式塔、互动性和协同性。"[①]

很明显，定义视觉素养并不是一个简单的任务。其主要原因似乎是该结构的多元理论基础。伯班克（Burbank）和佩特（Pett）这样描述，"定义视觉素养相当于盲人摸象所面临的问题。感觉到大象身体一侧的人把大象描述成像一只狼，感觉到象牙的人说大象像一支长矛，而那些只摆弄鼻子、尾巴、耳朵或腿的人确信大象就像一条蛇、一根绳子、一把扇子或一棵树。他们的描述取决于他们正在检查的部分，视人的观点而定，视觉素养也是因人而异的"[②]。

本书选定的对视觉素养的定义是由海涅克等人[③]所提出的："视觉素养是一种能够准确地解释和创造视觉材料的可习得的能力。视觉素养的解释和创造可以说是平行于印刷素养的阅读和写作。"

在视觉素养中，有两个非常关键的能力：解码能力（decoding capacity）和编码能力（encoding capacity）。对于学习者而言，解码能力即读图的能力，可让学习者熟练地"阅读"视觉效果，能力的发展与其年龄、文化背景、偏好有关。编码能力则是一种重新整合并解释图片信息的能力，是创建可视化演示的能力，要求学习者学会挑选旧知、创造新知并使之有序。两者有机结合，组成学习者的视觉素养，共同发挥作用，使得学习者能够有效地去解读视觉材料。

三、视觉素养的应用

在现实生活中，视觉素养可用于辅助解读视觉材料所包含的信息。面对每一个视觉材料，人们在大脑中对其完成解读需要三个步骤：①解码原视觉材料，获取一定的信息；②对已获取的信息进行编码；③结合先验知识，重新整合编码后的信息，得到最终信息。前两个步骤是整个解读过程的关键环节，只有进行了准确而恰当的解码和编码，才能够获取到视觉材料中最有价值的信息。现在以图 7-2 为实例对视觉材料进行详细的解读。

第一步，解码原视觉材料，获取一定的信息。通过解码可以发现两个内容。

1）从最右边到最左边，每一个方块都代表着不同的媒体表现形式。

2）按照从右到左的顺序，媒体表现形式是由抽象经验到具体经验逐渐变化的，同时，学习者的学习状态是从被动到主动的转变。

---

① Curtiss D. Introduction to Visual Literacy: A Guide to the Visual Arts and Communication[M]. Upper Saddle River State: Prentice-Hall, 1987.

② Burbank L, Pett D W. Eight dimensions of visual literacy[J]. Instructional Innovator, 1983, 28（1）: 25-27.

③ Smaldino S E, Heinich R, Russell J D, et al. Instructional Technology and Media for Learning（8th Edition）[M]. Upper Saddle River: Prentice Hall, 2004: 83.

图 7-2　视觉材料编码流程图

第二步，对已获取的信息进行编码。在这一环节中，对所有媒体形式进行了分类，综合出的相似特征的主要分为三类。

1）视听（hearing and reading）类："文本""音频""视觉效果"。

2）观察（observation）类："视频""展览""演示"。

3）参与（participation）类："模拟与角色扮演"（simulations and role-plays）、"实际参与"（actual participation）。

第三步，结合先验知识，重新整合编码后的信息，得到最终信息。根据解码和编码后的图片结构，我们可以联想到美国视听教育家戴尔的经验之塔。在经验之塔理论中，戴尔将经验分为做的经验、观察的经验和抽象的经验，并将其排列成由低到高的金字塔结构。可以说，案例中的图片与戴尔的经验之塔本质上并无太大差异，只是两者使用了完全不同的视觉表征。这就是利用自身视觉素养获取的最终信息。

知识卡片

　　　经验之塔：经验之塔理论是教育技术领域最经典的理论之一，由美国视听教育专家戴尔在《教学中的视听方法》中提出，是研究教学媒体效果的重要理论基础之一。

经验之塔（图 7-3）将教学活动中的经验称为学习的途径，其理论要点可以归结如下。

1）最底层的经验最具体，越往上越抽象，各种教学活动可以按照经验的具体—抽象程度排成一个序列。

2）教学活动应该从具体经验入手，逐步进入抽象经验。

3）在学校教育中使用各种教学媒体可以使各种教学活动更为具体，也能为抽象概括创造条件。

4）视听教材和视听经验比上层的言语和视觉符号更具体，更形象，能有效突破教学信息时间和空间的限制。学习者只有在积累了一定的具体经验后，才能有效地参与更复杂的、更抽象的教学活动。

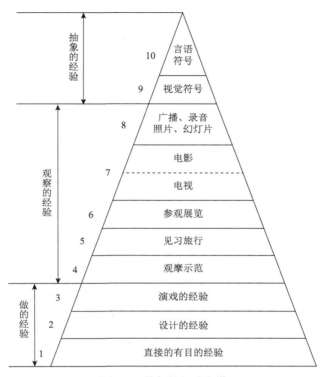

图 7-3　戴尔的经验之塔

　　戴尔的经验之塔将人一生中所获取的各种经验进行了细致的分类。首先，戴尔将人的经验分成了三大类：直接的经验（做的经验）、间接的经验（观察的经验）、符号的经验（抽象的经验）。其中直接的经验位于经验之塔的底层，是其他两大类经验的基础，人的学习过程总是从最底层的做的经验开始的，然后不断上升到最顶层的抽象的经验。抽象的经验的获得比较困难，人们在学习的时候需要具备足够的学习和认知能力，但是上升到抽象的经验是学习的必然目的。完整的戴尔经验之塔一共包含三大类十个层次。最底层为做的经验，而最顶层为抽象的经验，中间观察的经验包含了观摩示范、见习旅行、参观展览、电影等层次。

　　戴尔的经验之塔模型是基于学习从具体到抽象的概念形成的。其中，视觉符号（主要指图表、地图等）以及照片、幻灯片等都属于视觉材料。斯托克斯（Stokes）结合视觉素养对经验之塔进行了理解。他认为[①]，从下往上看，行动活动提供了在定义和解释行动活动时抽象使用符号的具体基础。这些行动活动发展到观察活动，然后是抽象的表示，这体现了一种在口头描述之前促进经验的理解和概念化

---

① Stokes S. Visual literacy in teaching and learning: a literature perspective[J]. Electronic Journal for the Integration of Technology in Education, 2002, 1（1）: 10-19.

的过程。因为图片或插图是经验的类似物，离实际事件只有一步之遥，这些视觉表现可能能够以各种方式捕捉和传达具体的经验。

第二节　课堂常用的视觉材料

一、六类常用的视觉材料

在课堂授课时，通常有这样六类支持学习者学习的视觉材料：照片、图画（drawings）、关系型图表（relational charts）、数量型图表（quantitative charts）、卡通画（cartoons）以及海报。

（一）照片

照片类视觉材料常常是经由拍摄设备产生的，属于纪实化的呈现。这类视觉材料可为教师或学习者提供极大的学习辅助。比如，在摄影课上，教师常常会向学习者展示各种主题的照片，分析拍摄的技巧，以此培养学习者的摄影能力，产生潜移默化的影响。

（二）图画

图画类视觉材料是一种线条的图片排列，往往是通过手绘或者软件打印的方式自行创作而成，其制作者只能是教师或学习者。这类视觉材料是美术课的"常客"，在实际教学中围绕图画类视觉材料展开的教学活动，往往更容易调动学习者的参与积极性，活跃课堂气氛。

（三）关系型图表

关系型图表是指事物之间抽象关系的视觉表征。这类图表的设计一定要基于清晰的目的，也就是说，其主题性要非常强，可以明确地表现出某一抽象概念或关系的具体内容。

下面举一些例子来更清晰地介绍关系型图表。

例1　图 7-4 展示的内容看似是一种数学关系，其实表达的主题是：努力奋斗，保持乐观心态。

汗水+正能量=你该成为的人

图 7-4　奋斗的数学表达

例2　第一眼从表面上来看，图 7-5 是一个折线图，但通过仔细观察发现，无论是在 X 轴上还是在 Y 轴上都没有详细的数值。那么，这是否就无法解读呢？

并非如此，我们发现，如果 X 轴代表一个人"承受的挑战"，Y 轴代表一个人的"体力值"，那么在挑战越大时，体力值会越高。综合来看，这张图是想告诉我们：一个人面临的挑战并不会使其退缩，反而会激发其斗志，使其勇于面对。

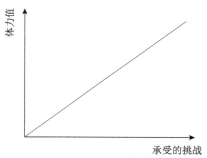

图 7-5　承受的挑战和体力值的关系

例 3　流程图或过程图，用于显示一个序列、一个过程，或如其名称所示——是一个过程的流（图 7-6）。

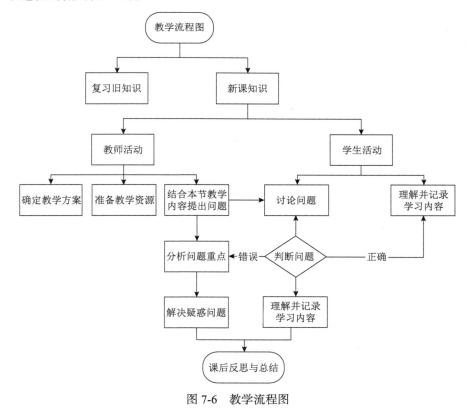

图 7-6　教学流程图

例 4　组织结构图显示出组织的结构或指挥链，例如公司、公民团体或政府部门的组织结构（图7-7）。

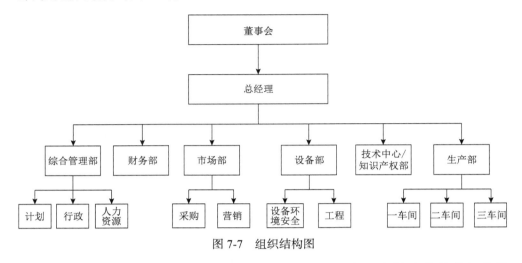

图 7-7　组织结构图

例 5　分类图类似于类别说明图，主要用于对对象、事件或物种进行分类（图 7-8）。

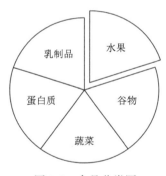

图 7-8　食品分类图

（四）数量型图表

与关系型图表不同的是，数量型图表是针对定量数据的视觉表征，比如散点图、折线图、柱状图等等。因其对数据的具体呈现，数量型图表相对来说也更易于被解读。这类图表通常通过软件进行制作和生成，常用的软件包括 Excel、SPSS、FineReport 等。

1. 画像统计表

画像统计表是用简单的图形表示数字单位（图7-9）。

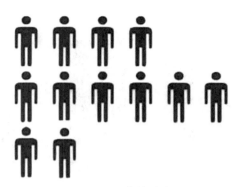

图 7-9 画像统计表

2. 圆形图或饼状图

圆形图或饼状图比较容易解释。在这种类型的图中，一个圆或饼被分成几个部分，每个部分代表整体的一部分或百分比（图 7-10）。

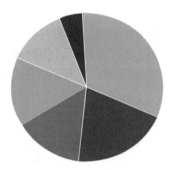

图 7-10 饼状图

3. 折线图

折线图是所有图中最精确、最复杂的。折线图以直角的两种尺度为基础（图 7-11）。

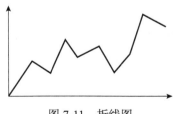

图 7-11 折线图

4. 柱状图

图 7-12 就是柱状图。

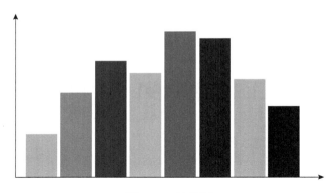

图 7-12　柱状图

　　每一种图形都会有对应的特点和特征，只有选择恰当的视觉材料才可以更好地展现可视化效果。

（五）卡通画

　　视觉材料中的卡通画是指静态卡通。这类材料由简单的线条绘制而成，不要求有强烈的色彩冲击，只要方便学习者简单、快捷地阅读即可。

　　图 7-13 是一架飞机的卡通画示例，使用了黑色线条描绘机身，并以灰色作为整个机体的颜色进行填充。

图 7-13　飞机外观卡通图

　　再看图 7-14。观察图中信息，人物的双手紧握着一个停车标志，标志呈现为八边形，中间清晰地写着"STOP"字样。这是一个非常重要的视觉元素，因为它不仅明确了图片的主题，而且强化了人物传达的停止信息。整个停车标志的线条简洁明快，黑色与白色的对比鲜明，使得它在纯白色的背景中格外显眼。可见，卡通画虽然没有文字的描述，仅仅是色彩与线条的混合，却能够让我们挖掘到许多的信息，可谓"此时无声胜有声"。

图 7-14　简笔警示：停车止步

（六）海报

海报是对信息的一种简要概括，能够通过对多种图片、线条、色彩以及文字的创新组合，碰撞出有趣的火花。在海报中，可以包含前面所提到的照片、图画、抽象图表、具象图表或者卡通画。可以说，一张高质量的海报是非常有效的"注意力捕捉器"，既能做到阐明主题，又能极大地引起学习者的兴趣。现如今，海报出现的形式不再仅限于传统的纸质或者手绘的海报，电子海报、H5 动态海报逐渐走进大家的视野，这些新形式的海报既具有更好的资源环保性，同时也更加活泼生动。但不论是哪一种形式的海报都有其自身优势，需要根据自身需求进行选择。

如图 7-15 所示，海报通过传达单一的信息来吸引眼球。

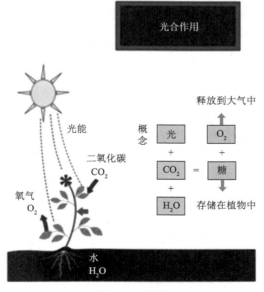

图 7-15　海报

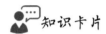知识卡片

　　　　**H5**：HTML5 的简称，它是一种高级网页技术。相比于 H4，H5 具有更多的交互和功能，其最大的一个优点是在移动设备上支持多媒体。HTML5 的第一份正式草案于 2008 年 1 月 22 日公布。HTML5 仍处于完善之中。然而，大部分现代浏览器已经具备了某些 HTML5 支持。

但 H5 页面又不能算是一个技术名词的简写，而是在一个很大的群体里面逐渐达成共识的新的营销传播手段，是众多具有媒体属性的元素加上各种新的交互、技术手段的总和，其对视频音频和触屏互动等事件的支持远超出 HTML5 所标记的规范。随着移动端用户的暴增，因 H5 在移动端的兼容性更强，于是 H5 逐渐演变成一种对可以在移动端展示的页面的简称。

现有的 H5 包括普通的幻灯片形式、需要简单点击的故事形式、用户能够参与的带有交互的功能形式、可以提交数据的表单形式、朋友圈流传的小游戏形式等。[①]

二、视觉材料的作用

尽管视觉材料种类繁多，但从作用而言，可以将其归纳出以下七个共同点：①视觉材料为学习者提供具体的参考；②视觉材料可以化抽象为具体；③视觉材料可以激发学习者的学习动机；④视觉材料可以直接捕捉学习者的注意力；⑤视觉材料是对信息的有效重复；⑥视觉材料能够帮助学习者回忆先验知识；⑦视觉材料是减轻学习压力程度的有效方式。

大家可能会疑惑：为什么视觉材料可以为学习者的学习提供具体的参考？对于这个问题，大家可以这样理解：想象力是人类保持自身活力和发展动力的原始文化基因，是人类把自身从有限的现实世界带向无限的可能世界的不竭动力，是贯穿人类精神生活一切方面的最隐秘最伟大的力量。教育呼唤想象力，想象力将赋予教育以新的生命和活力[②]，当学习者面对一个不是那么容易想象的事情时，要如何前进呢？比如，人的肉眼无法深入微观世界，但如果想要学习原子结构，在难以真正看到教科书里所说的"质子""中子""电子"的背景下，应该如何学习到相关知识呢？此时，视觉材料就可以发挥作用了。可以借助图片呈现出"质子""中子""电子"的关系和组成，以此将抽象的原子结构具体化，给予学习者一定的参考作用。虽然这个参考可能并非完全真实，但是图片示例有助于缩短学

---

① HTML[DB/OL]. https://html.spec.whatwg.org/multipage/[2023-07-22].
② 潘庆玉. 想象力的教育危机与哲学思考（上）[J]. 当代教育科学，2010，（15）：3-6，9.

习者自身联想发生的路径，从而让学习者更加轻松地理解学习内容，达到学习目标。

第三节 视觉材料的功能性分类

一、视觉材料的六大功能

按照视觉材料的不同作用，可以对视觉材料进行功能性分类（表 7-1）。

表 7-1 视觉材料功能

视觉材料分类	功能
装饰型（decorative/realistic）	展示真实的对象 太多的装饰型视觉材料可能会干扰学习者的学习
具象型（representational）	通过展示其他事物和暗示相似性来传达主事物的概念
关系型（relational）	展示定量关系（条形图、饼状图等）
组织型（organizational）	构造出事物的组织结构、展示元素间的定性关系（时间线、流程图等）
转化型（transformational）	说明了时间和空间的运动或变化
解释型（interpretive）	说明了理论或抽象关系

（一）装饰型

第一类视觉材料叫装饰型视觉材料，又叫真实型视觉材料。

这类视觉材料正如蛋糕上的裱花、圣诞树上的装饰挂件，可以肉眼看见，起到直接的装饰作用，并且不会影响到事物本身。这意味着使用装饰型视觉材料去"装点"教学中的任意环节时，会更加美观丰富，但由于装饰型视觉材料的有无并不会加强或减弱教学信息本身，所以即使去掉这些材料也不会阻碍教学过程的进行。装饰型视觉材料无法为学习者理解学习内容提供有效帮助，但可以适当增强学习的趣味性。

例 1 图 7-16 是国内某企业制作的课件。课件中呈现的元素有问号图标、文字、圆角矩形对话框以及一个看上去较有学问的老者的卡通形象。分析本页课件的所有元素，可以明确地了解到其目的：学习者需要去思考问题"豚鼠经历'尝试与错误'学习行为的次数与走出迷宫所需的时间之间有什么关系？"。很明显，不管这个静态的卡通形象是老者还是年轻人，是苏格拉底（Socrates）还是莎士比亚（Shakespeare），这些仅仅是对课件的装饰，可以增强学习的趣味性，并不会影响到课件内容所要表达的关键词：提出问题。

图 7-16　装饰型视觉材料

例 2　图 7-17 将"照片"、"插图/图纸"（illustration/drawing）、"概念相关图形"（concept-related graphic）、"风格化或任意图形"、"口头描述"、"名词/标签"（noun/label）等六种表达方式划分为"图画符号"（pictorial symbols）、"图形符号"（graphic symbols）、"语言符号"（verbal symbols）三类，并对其抽象性和具体性进行了区分，以此加深学习者对这些表征方式的理解。

图 7-17　视觉材料的表达

在这个例子里，每种表达方式的上方都展示了对应的视觉材料，可以说，视觉材料是对表达方式完全真实的说明。比如，最左边是一张真实环境下拍摄的照片，而最右边词组"有篷马车"则是属于"名词/标签"。这些视觉材料同样属于装饰型，即便没有它们，学习者也依然能够了解到六种表达方式在特征分类以及真实性上的差异，但是不可否认的是，它们确实能够给学习者带来更好的视觉体验，使得学习者在看到表达方式的名称时能够更快速地产生联想，进一步掌握学习材料所要传达的主要信息。

因此，装饰型视觉材料并不一定能够促进学习，但是如果使用恰当，有助于学习的发生。不过，太多的装饰型视觉材料可能会干扰学习者的学习。

（二）具象型

具象型视觉材料，又称模拟型视觉材料，它通过展示其他事物和暗示相似性来传达主事物的概念。

我们可以通过具象型的英文表达来理解其内涵。presentational 意为展示的，加上意为"重新、再一次"的前缀 re-，变成 representational（也就是具象型），将事物重新展示出来。经过重新展示的事物已经与原事物产生了区别，因此，具象型视觉材料是对真实事物的抽象表达。如果说装饰型视觉材料是一种不加修饰的修饰，那么具象型视觉材料则是稍加修饰的修饰。

例1　在下面这个例子中（图7-18），重点元素被进行了不同的色彩处理、字体加粗处理、形状大小处理。当进行教学时，教师可以开展不同的具象型视觉材料辅助教学，使教学内容的呈现详略得当，同时，学习者也能够迅速地抓取到关键信息。

课文赏析

理解文意

原文：**中**（里面，指茎内）**通**（贯通）外直，**不蔓**（生藤蔓，名作动）**不枝**（长丫枝，名作动），**香远**（散播得远，形作动）**益**（更加）清，**亭亭**（耸立的样子）**净**（洁净）**植**（立），可远观而不可**亵**（亲近而不庄重）玩焉。

翻译：莲花的叶柄中间是空的，外面是直的，不牵牵连连，不枝枝节节的，它的香味传得越远越幽香，笔直地挺立在那里，只可以远远地观赏它而不能随心把玩。

图7-18　具象型图片

例2　图7-19描绘了自行车打气筒。图7-19（a）展示了真实的打气筒，即装饰型图片，图7-19（b）则是"稍加修饰"的具象型图片。观察两张图片，我们可以发现它们的差别：在装饰型图片中可以很清晰地观察到自行车打气筒的实物细节；而在具象型图片中，能够清楚明了地看到压力表、打气阀门、活塞和脚踏板4个打气筒的关键要素。在这个例子里，具象型图片比装饰型图片更能体现出自行车打气筒的工作原理。

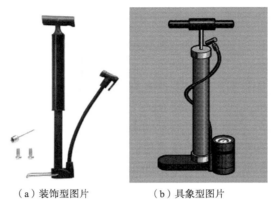

（a）装饰型图片　　　　　　（b）具象型图片

图 7-19　自行车打气筒

上述的案例告诉我们：具象型图片可以进行目的性的抽象描述，可以选择性地强化关键信息，削弱边缘信息。

（三）关系型

关系型视觉材料显示了两个及以上事物之间的定量关系，条形图、饼状图等就是几种具有代表性的表现方式。

图 7-20 展示的是 VR 教育中技术的沉浸水平对学习者认知负荷影响的柱状图。观察图片可以发现，采用沉浸式 VR 组的学习者比桌面式 VR 组的学习者具有更低的内在认知负荷和外在认知负荷，并且沉浸式 VR 组的相关认知负荷更高。

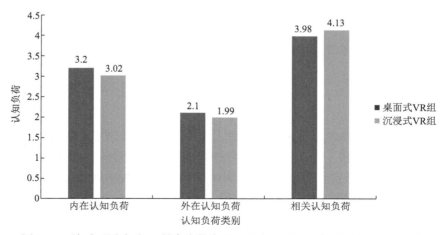

图 7-20　关系型图片（VR 教育中技术的沉浸水平对学习者认知负荷的影响）

（四）组织型

组织型视觉材料有两类。第一类可以构造出事物的组织结构，这类视觉材料会把部分内容标识出来。具象型视觉材料展示了事物的外观，组织型视觉材料则能够对其进行描述并细化完善，如例1和例2所示。第二类显示了元素之间的定性关系，比如时间表、流程图等，如例3和例4。

例 1 在具象型视觉材料案例中，能够看到自行车打气筒的四个关键功能要素，但并不知道其内部结构如何[图 7-19（b）]。图 7-21 中的组织型图片呈现出了自行车打气筒的横截面图，并从上到下标识出外表可见的把手、打气筒瓶身、软管以及不可见的活塞、入口阀、气压室、出口阀等部分结构。

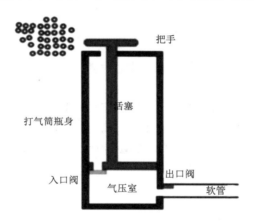

图 7-21　组织型图片（自行车打气筒横截面图）

例 2 这里的组织型视觉材料如图 7-22 所示，展示了四分类垃圾桶的组织结构，包括可回收垃圾、湿垃圾、有害垃圾和干垃圾这四个类别。

图 7-22　组织型图片（四分类垃圾桶）

例 3 表 7-2 属于第二类组织型视觉材料。虽然以表格形式呈现，但却将相关概念组织成一行并排列起来。

表 7-2　组织型视觉材料举例

图形类型	描述	例子
装饰型	为美观或幽默而添加的视觉材料	1）一个骑自行车的人正在学习打气筒是如何工作的 2）棒球图标出现在游戏化知识课程的某个页面中
具象型	说明对象外观的视觉材料	1）图 7-19（b）打气筒 2）维修课上设备的照片
组织型	展示内容之间定性关系，构建事物组织结构的视觉材料	1）本图表 2）概念图 3）树状图
关系型	总结数量关系的视觉材料	1）柱状图或饼状图 2）用不同大小的圆圈表示地震位置和强度的地图

　　组织型虽然是描述事物内在组织结构的良好方式，但并不能够详细揭示事物的工作原理。

　　例 4　图 7-23 同样属于第二类组织型视觉材料，这是一个围绕"爱护"展开的思维导图。通过图中的四个主线脉络，我们能够清楚地看出"爱护"一词的释义、近义词、反义词以及造句。在看完图片后，我们便能够在脑中形成一个相近而又有组织的知识结构。

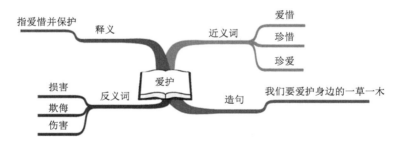

图 7-23　组织型图片（围绕"爱护"展开的思维导图）

（五）转化型

转化型视觉材料说明了时间和空间的运动或变化（图 7-24）。

转化型视觉材料既可以是运动指示器，如水循环图像中的箭头描绘了水的运动轨迹：水蒸气从湖面蒸发到天空，凝结成云，再下雨落回湖中，这描述了水随着时间的形态变化。

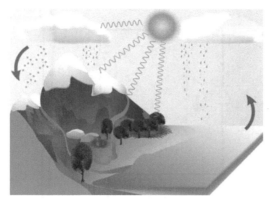

图 7-24　转化型图片（水循环）

　　转化型视觉材料又可以转换视觉效果，例如，图 7-25 中左边的图画呈现了一个踢球的动态姿势；相比于右图所示的球与其速度线，左图更加真实形象。

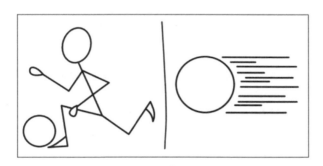

图 7-25　转化型图片（踢球）

（六）解释型

　　解释型视觉材料说明了理论或抽象关系，这种关系往往是不可见的。

　　例如可交换图像数据格式（graphic interchange format, GIF）。电脑技术出现后，动态图片大量涌现，这些图片能够随着时间的变化而变化，扩展了人们对图片的理解。在过去，静态图片可以具体描绘出事物的组织结构（组织型视觉材料），如今，动态图片能够解释关键环节的运动状态，说明事物的工作原理。

　　当然，不仅仅是动态图片，一些带有解释性含义的静态图片也属于解释型视觉材料。图 7-26 中的例子是幼儿园发生火灾时的疏散计划，箭头表示具体的逃生路线，可以看出，火灾发生时，室内人员应该从右下方的门逃出教室，并在学校前门的 300ft[①] 处集合。

----

① 1ft=0.3048m。

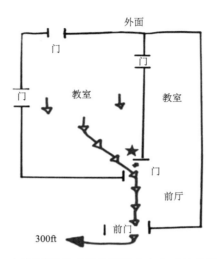

图 7-26　解释型图片（幼儿园发生火灾时的疏散计划）

总的来说，解释型视觉材料告诉了我们具体的操作行为信息，同时还会给予一些关键性的解释和说明。

上述分类是由露丝·克拉克（Ruth Clark）以及理查德·梅耶两位教授提出的。他们认为，图片按照教学的用途可以分为六类。对于不同的教学任务，我们可以选择不同功能的视觉材料（图片等）来辅助教学。

露丝·克拉克

露丝·克拉克出生于加利福尼亚州旧金山。高中毕业后，克拉克继续学业，获得生物和化学文学学士学位，并于 1964 年以优异成绩从圣母无玷圣心书院（Immaculate Heart of Mary College）毕业。1966 年，她在加利福尼亚大学洛杉矶分校生物系获得了生物化学文学硕士学位。1998 年，克拉克在南加利福尼亚大学教育学院完成了教学心理学教育博士学位。自南加利福尼亚大学毕业以来，克拉克一直担任课程开发员、培训经理和兼职教授，是五本图书和许多文章的作者和合著者。克拉克在图形、媒体和电子学习领域的工作的影响正以积极的方式被该领域的从业者感受到。

根据出版商的说法，她与梅耶的书是畅销书，国际绩效改进协会授予其杰出教学交流奖。除了她因出版物获得的奖项，克拉克的工作也影响着来自世界各地的从业者。克拉克多年来的工作已被证明对教学技术领域的从业者至关重要。①

---

① RuthClark[DB/OL]. http://en.atdchina.com.cn/user/about/RuthClark[2023-07-22].

理查德·梅耶

理查德·梅耶是加利福尼亚大学圣巴巴拉分校的杰出心理学教授。他的研究兴趣是将学习科学应用于教育，目前的项目有多媒体学习、计算机支持学习和用于学习的计算机游戏。他曾担任美国心理学协会第 15 分部（教育心理学）的主席和美国教育研究协会第 C 分部（学习与教学）的副主席。他是桑代克教育心理学职业成就奖、斯克里布纳学习和教学杰出研究奖以及美国心理学协会"心理学应用于教育和培训的杰出贡献奖"的获得者。在当代教育心理学中，他被评为"世界上最具生产力的教育心理学家"。其著作包括《学习是一种生成活动》[与弗奥雷拉（Fiorella）合著]、《面向学习的计算机游戏》、《应用学习科学》、《数字化学习和教学科学：第四版》（与克拉克合著）、《多媒体学习：第二版》、《学习和教学：第二版》、《学习和教学研究手册：第二版》[与亚历山大（Alexander）合著]、《剑桥多媒体学习手册：第三版》（编辑）等。[1]

二、视觉材料的辨别

（一）参考问题

下面是几种视觉材料。请大家根据视觉材料在教学中的不同用途尝试对其进行分类，答案将会在本小节最后给出。

1）该视觉材料（图 7-27）属于关系型还是组织型？＿＿＿＿＿＿

图 7-27 练习图 1

---

① Richard Mayer[DB/OL]. http://www.psych.ucsb.edu/people/faculty/richard-mayer[2023-07-22].

2）该视觉材料（图 7-28）属于解释型还是转化型？＿＿＿＿＿＿

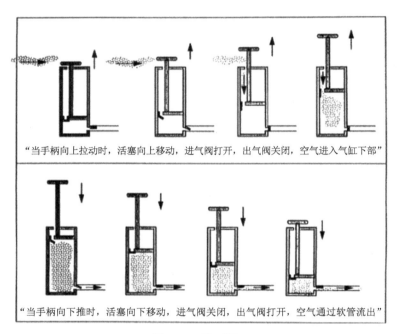

"当手柄向上拉动时，活塞向上移动，进气阀打开，出气阀关闭，空气进入气缸下部"

"当手柄向下推时，活塞向下移动，进气阀关闭，出气阀打开，空气通过软管流出"

图 7-28　练习图 2

3）该视觉材料（图 7-29）属于＿＿＿＿＿＿型？

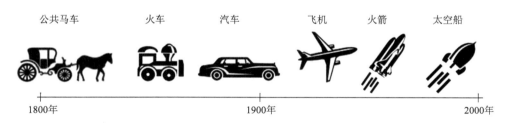

图 7-29　练习图 3

4）眼动仪是心理学基础研究的重要仪器。眼动仪用于记录人在处理视觉信息时的眼球运动轨迹特征，该仪器广泛用于注意、视知觉、阅读等领域的研究。图 7-30（a）是佩戴眼动仪的学习者，图 7-30（b）的不规则线条标记了该学习者在实验材料上的眼球运动轨迹。

请问，图 7-30（b）中的视觉材料属于转化型还是解释型？＿＿＿＿＿＿

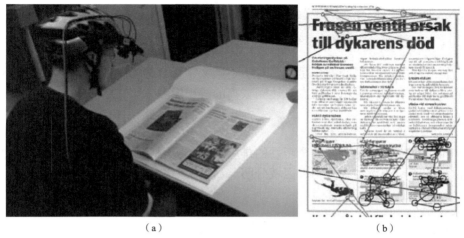

（a）　　　　　　　　　　　　　　　（b）

图 7-30　练习图 4

（二）参考答案

1）组织型。图片看似反映了人物之间的关系，但没有给出人物之间的定量关系，不属于关系型视觉材料。

2）转化型。图片展现的是在不同时间点下打气泵空间位置的变化，虽然通过观察打气泵随着时间的空间变化，我们也可以解释出其工作原理，但图片更多的是对时间和空间的运动或变化做的说明，因此，该图片还是属于转化型。

3）组织型。时间线（time line）说明了事件之间的时间关系，且最常用于显示历史事件的顺序或名人与这些事件的关系。在图 7-29 中，我们可以看到，随着时间线的发展，交通工具在各个时代的呈现方式，属于组织型。

4）转化型。这个视觉材料是对学习者在学习时间变化下眼动轨迹的描述，但并没有对学习者的学习轨迹做出解释，因此，该视觉材料属于转化型，而不是解释型。

第四节　视觉材料的制作

一、视觉材料设计原则

视觉材料的设计应当在色彩、辨识度、排版、平衡性、吸引力五方面遵从一定的原则和规律（图 7-31）。

（一）色彩

在色彩上，设计者需要运用互补的、同色系颜色，且所有元素尽量不要使用超过三种颜色，以免造成观感上的不适。

（二）辨识度

样式是文字材料的视觉呈现。对于不同文字元素的样式，设计者需要选择适宜的字体、字号，突出矛盾点，达到较高的辨识度。

（三）排版

排版比样式更重要，一个巧妙的排版会率先吸引住观者的眼球。在排版过程中，设计者要注意主次分明、区域分明。

（四）平衡性

平衡性也是在设计中需要考虑的要素之一。面对视觉材料的不同用途和使用场合，设计者应当在视觉上对各个元素进行合理布局。此外，视觉材料还应匹配场合，对于正式场合，所有元素的设计要相应地具有一定的仪式感；对于非正式场合，设计者则可以尝试更多灵动活泼、跳跃性的设计。

（五）吸引力

视觉材料需要具备一定的吸引力。设计者应当保证视觉材料的趣味性，可以通过考量学习者的年龄特征，设计恰当的互动，抓住、吸引并保持学习者的注意力。

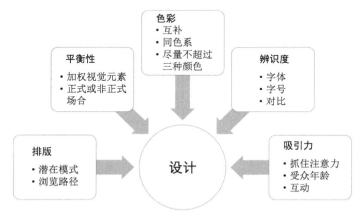

图 7-31　视觉材料设计原则

二、视觉材料制作工具

现代科技下，视觉材料的制作可以使用多样化的工具和软件。

（一）规划工具

规划工具可以帮助设计者完成日常事务的规划，包括衣食住行、学习日程、知识框架梳理等。如使用便利贴、电子便签对各项事宜进行计划；或者制作思维导图梳理事务层次，很多在线思维导图软件都是可供选择的工具。

（二）刻字技术

在过去，人类利用手工刻字来记录信息。如今，随着科技的发展，电脑刻字、激光刻字、喷砂刻字等多种刻字技术涌现于世。

1）手工刻字：适用性最广泛的技法，材质多样，最常见的有石头刻字、木板刻字、印章刻字、铜版刻字等。

2）电脑刻字：使用电脑雕刻机完成自动化刻字，能在不干胶、反光膜、贴纸等纸张和各种材质上制作出精美的外形、图案和文字。

3）激光刻字：激光刻字是集激光技术、精密机械、电子技术、计算机等学科于一体的新型的刻字方法。

4）喷砂刻字：利用气动原理，用喷砂在软硬适宜的石材或玻璃上刻字，可用于雕刻墓碑。

（三）剪贴画

"剪贴画"一词来源于中国民间剪纸，与"拼贴"这一艺术形态有着密切联系。我国民间剪纸是通过剪刀和纸来创造图案和形状的，它不但保持着剪纸创作的原始状态，而且还将剪纸艺术的精髓集中在一起，其灵活多变的创作手法、生动自然的表现形象，都为当代民间剪纸艺术增添了不少光彩（图7-32）。

图7-32 剪纸作品

不同于传统的绘画，剪贴画无需笔和颜色，而是一种以剪裁和拼贴方式组成画面的作画方式，一般以剪贴平面材料来制作完成作品。剪贴画被称为"环保艺术品"①，是一种变废为宝的美术创作。过期报纸、杂志、墙纸废料、色纸、碎布块、毛线、邮票、果皮等都能成为剪贴画的制作材料。在幼儿教学中，剪贴画活动是美术教育的有机组成部分。开展剪贴画活动②，贴合大班幼儿的年龄特点，能够激发幼儿积极动手、动脑的兴趣，培养幼儿的独创性，同时促进幼儿在大自然、社会、生活、学习中发现美、欣赏美、创造美，充分挖掘幼儿的生活情趣，提高其审美能力。

（四）使用计算机设计视觉效果

现代信息技术为视觉材料的制作打开了一扇想象的大门，利用各类功能各异的计算机软件，可以制作出多样化的视觉设计。对于静态图片，Photoshop 软件可以帮助设计者完成图片的个性化处理，如对色彩、样式、排版等进行调整；对于动态图片，GifCam、Ulead GIF Animator 等都是创建动态图片的工具。值得一提的是，加拿大科亿尔（Corel）公司最近新开发的一款软件 Corel PhotoMirage 是一套简单易用的相片编辑软件，可以将静态影像转变成动态动画，提供了一种在竞争激烈的数字环境中吸引注意力的清新方式。当然，所有的动态效果都只能在电子设备上呈现，纸质材料或者打印后是无法观看的。

（五）幻灯片

PowerPoint 是最为常用的幻灯片制作软件，可以实现对文字、图片、图表、动画、声音、影片等多种媒体的编辑和整合，并提供了内置的可免费使用的动态效果，让画面生动活泼。一项比较传统的"粉笔和说话"方法和"使用幻灯片"的研究结果表明③，相比于传统方法，幻灯片教学增强了学习内容的组织性和清晰度、学习过程的娱乐性和趣味性以及教师的亲和力。

因此，可以对视觉材料，如照片、图表、卡通等进行恰当的设计，制作出精美的幻灯片来作为教学和学习的辅助工具。图 7-33 就是根据本节内容制作出来的幻灯片效果举例。

---

① 王继超. 浅谈小班幼儿绘本与剪贴画的整合性教学策略——以《小蓝和小黄》为例[J]. 新课程（上），2017，（5）：4-5.

② 钱钰. 浅谈幼儿剪贴画的指导策略[J]. 考试周刊，2015，（85）：192.

③ Apperson J M, Laws E L, Scepansky J A. The impact of presentation graphics on students' experience in the classroom[J]. Computers & Education, 2006, 47（1）：116-126.

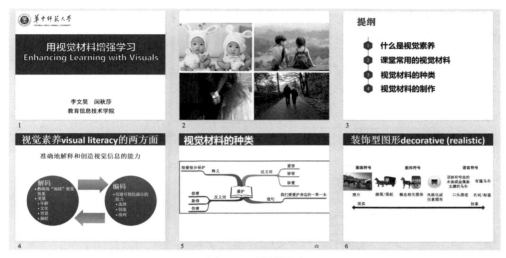

图 7-33 效果展示

以上是一些制作出精美的视觉材料的工具。在后面的学习生活中，还有更多的制作工具等你去发现！

练 一 练

请你利用两条直线、两个圆、两个等腰三角形（图 7-34）设计一幅图，并为你的设计取一个恰当的名字。

图 7-34 基本元素图形

请将你的设计画在下面的方框中。

主题：_____

在实际的课堂教学中，学习者们尝试了该视觉材料的制作，其中有一些有趣的创意分享给各位读者，见图 7-35。

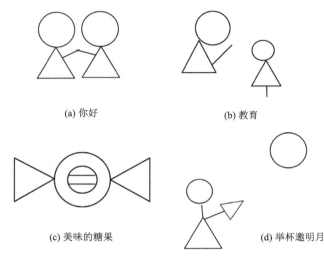

(a) 你好　　　　　　　　　　　　　　　　(b) 教育

(c) 美味的糖果　　　　　　　　　　　　　(d) 举杯邀明月

图 7-35　学习者作品

第八章 音频材料

学习目标

1）了解音频材料常见的存储格式以及编辑工具。

2）理解音频素养的内涵，理解听觉过程具体是如何发生的。

3）掌握听感规律，能够用自己的话描述人耳的三大听觉特征、非线性效应以及声音定位机理，并基于这些理论对现实现象进行解释。

4）掌握音频材料在教学中应用的方法以及优缺点，能够结合自己的经验设计教学中的音频材料。

本章结构图

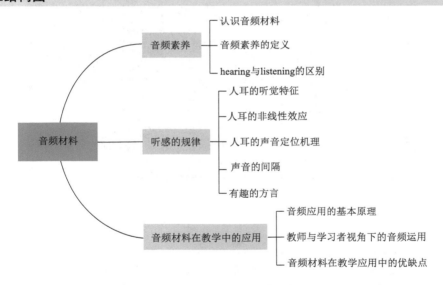

第一节 音 频 素 养

一、认识音频材料

音频远比文本更古老。在 5000 年前还没有发明文字的时代，人类传递信息大部分是靠语音进行的，部落之间的往来也是伴随着语音进行的。一个地方有一头野兽，部落间用语音来传递这个信息，捕获这个野兽需要某种或某些技巧，猎手通过语音的形式给同伴介绍捕捉技巧的信息，最后，在彼此的配合下，猎物被成功抓获。这种音频的传递其实包含了一个完整的学习过程。

音频一词，已用作描述一般性音频范围内和声音有关的设备及其作用。常见的音频存储格式有 MP3、WAV 等。

MP3 是一种音频压缩格式，通过将大的音频文件压缩成小文件，使其成为可用的格式，在互联网上能被快速轻松地捕获。

WAV 是存储和使用音频数据的另一种常见方式。使用 WAV 文件的优势包括：高质量的音频文件和使用多个声道的声音。但 WAV 文件有一个致命的缺点，就是它所占用的磁盘空间太大（每分钟的音乐大约需要 12M 磁盘空间）。

常用的音频编辑软件有 Cool Edit Pro（多轨录音与音频处理软件）、Goldwave（金色波纹音频编辑软件）等，如图 8-1 所示。可以利用这些软件来"绘"制声音，通过剪辑、混音、降噪等软件功能，调整目标音频的音调、弦乐、颤音、噪声，或是使其静音。

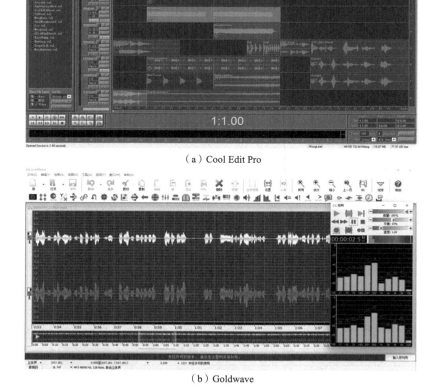

（a）Cool Edit Pro

（b）Goldwave

图 8-1　音频编辑软件截图

二、音频素养的定义

读、说、听与日常学习生活息息相关。现在请你想一想，在你的课堂学习时间里，这三种到底谁的占比最大？在中小学阶段，学习者会用将近一半的课堂时间去听课，而进入大学，听这一行为在课堂时间的占比会大幅提高。听是传递信息的重要方式，音频则是这一过程中的重要信息。正如前面所提到的文本素养和视觉素养，了解音频也同样需要关注音频素养。音频素养的定义如下。

音频素养需要仔细地听和破译重要的信息组件，以连接之前的知识，并产生有意义的音频通信[①]*。*

事实上，音频素养的定义描述了多线的过程。我们可以借助一个例子来理解这些过程的发生与发展。

例1　"言"和"音"

图 8-2 所示的两个字的小篆体，一个是"言"，一个是"音"，它们看起来是不是非常相似？"言"，可以让人联想到语言，因此，它和"音"的关系本身就很密切。但是，我们虽然能发音，但不见得能理解音的意思，只有理解"音"的意思，才能够感受到"言"的信息。"言"和"音"的差别，在古代，或者说在小篆中，就已经有了很清晰的呈现。

(a) 言　　　　　　　　(b) 音

图 8-2　"言"和"音"的小篆

三、hearing 与 listening 的区别

音频素养要求我们去关注听（listening），而不是听（hearing）。那么问题来了，你能区分 hearing 与 listening 吗？在英语听力考试的时候，往往就使用了 listening，而不用 hearing，这是为什么呢？

从翻译的角度来看，hearing 是听到、听见，表示一种听的结果，表示听到了声音，但并不强调理解声音的意义；listening 是倾听，表示一种听的过程，表示

---

① Smaldino S E, Lowther D L, Mims C, et al. Instructional Technology and Media for Learning（11th Edition）[M]. NY: Pearson Education, 2015: 158.

听到了声音，并且也理解声音的意义。其实这是两个不同的词语，hearing 强调生理上的听觉感知，listening 强调在心理上对声音信息的意义的读取。我们在这里做一个具体的区分，帮助大家更好地理解音频素养。

hearing 是生理上的词，它指的是声波进入耳道，通过中耳振动传输到内耳，再变成电脉冲，传递到大脑的过程。

listening 指的是对声音或语音模式的意识和注意，是对听觉信号的识别，最终目标是理解。

因此，hearing 和 listening 这两个词是完全不同的。hearing 只需要我们能够听见声音，完成从进入耳道到传递到大脑的生理过程；listening 要求的是一种对声音内涵的理解，是声音到达大脑后进行的思考。下面的两幅图能够非常直观地呈现出两个词的区别。

首先来看生理学上的 hearing 的过程（图 8-3）。

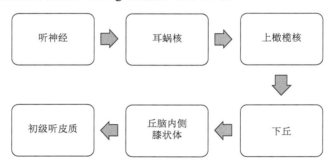

图 8-3　生理学上的 hearing 的过程①

声音通过耳道到达耳蜗，这时候振动的物理信号转化为电信号，电信号沿着神经移动，通过听神经到达耳蜗附近的耳蜗核，转至下丘，最后到达目的地——大脑皮质层，实现一个完整的 hearing 过程。

再从心理学的角度来看 listening（图 8-4）。

M1 是一个原始的声音信息，经过声音接收者的编码，M1 完成 hearing 过程，产生了一系列的生理反应，最后到达皮质层进行一个 listening 过程的处理。在此之后，皮质层根据已有知识对这一信息进行解码，产生有意义的信息 M2。我们经常可以感知到有意义的信息，如在智慧教室可以听到很多声音，不光是老师发出的声音，还有电脑机箱的风扇声、教室外隐隐约约的吵闹声等等。但有趣的是，即使你能够听到许多和学习内容不相关的噪声，依然可以屏蔽掉干扰专心听讲。这是为什么呢？

① Gazzaniga M S, Ivry R B, Mangun G R. 认知神经科学：关于心智的生物学[M]. 周晓林，高定国，等译. 北京：中国轻工业出版社，2011.

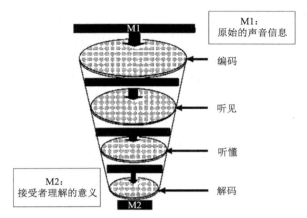

图 8-4 心理上的 listening 过程

其实，listening 过程图给了我们一个很好的解答。原始信息 M1 是复杂的，但大脑在进行最后有效解码之前，就已经清除掉了多余的干扰信息。其实，发生 hearing 时，大脑就可以完成一部分清除工作，我们的耳朵非常聪明，耳廓（又称耳郭）的特殊结构可以使我们故意忽视掉某些频率的声音，让我们"听不到"，例如自身身体内部的声音，每个人的心跳都有声音，但平时我们是听不到的。

大家可以尝试做一个小测试来体会一下。人体肌肉在紧张的时候也能发出声音，并且声音很大，一般情况下我们很难听到，但是如果在安静场合的某种方式下，我们可以听得一清二楚。那么，我们如何听到手指紧绷时肌肉发力的声音呢？

做法一：将紧绷的手指放在耳边听。

做法二：用手插到耳道里面，紧绷手指后再听。

可以发现，做法一是没用的，虽然手指紧绷时肌肉发力的声音很大，但这种做法还是没法听到肌肉的声音。做法二会在手指插入耳道后使得声音被放大。如果你觉得还不够明显，可以轻轻摩擦一下，这样肌肉发力的声音就非常清晰了。

总的来说，音频素养和文本素养、视觉素养是类似的，都需要编码和解码。我们不仅需要 hearing，更要学会去 listening。

第二节 听感的规律

一、人耳的听觉特征

声音在空气中传播需要两个基础变量：一是频率，二是振幅。但是为什么同样频率、同样振幅的声音，在听觉感知体验上却不同呢？

其实，造成这种感受的因素是音色。音色体现了人的主观感受。假如使用机器去捕获某种声音，同一频率的声音是没有差别的。但对于人来说，人能够区分出不同的音色，区分同样振幅、同样频率的不同声音。

音色主要取决于声音的波形，与响度、音调也有关系。那音调是什么呢？我们知道，男生和女生的发音有不同的音调，比如大家熟悉的青年艺术家李玉刚，他能够非常熟练地转换并且运用男女声线去表演歌曲，这是因为他的嗓子是宽频的，能够发出可低可高的声音，可以让声音从 80Hz 一直上升到 12kHz。这对一般人来说，是很难做到的。一般的男生能发出的声音是 80Hz，到 11kHz 就已经到了极限[①]。人耳还有一个特别的"功能"：随着年龄的变化，人耳对于声音的感受会变弱，具体来说，人耳可识别的频率段会越来越窄。这也就是为什么很多老人到了后期需要佩戴人工耳蜗。人工耳蜗的原理就是把声音的振动直接传到耳蜗的电信号里面去，帮助 hearing 这一过程的实现。

前面提到的响度、音调和音色都是人耳的听觉特征。现在，我们来看看这三个名词的概念。

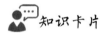 知识卡片

> **响度：**响度是人耳对声音强弱的主观评价尺度。它主要取决于声音的强度，但也与声音的频率和波形（振幅）有关，1000～4000Hz 的声音人们听起来最响。
>
> **音调：**音调是人耳对声音频率的评价尺度。频率低的声音听起来调子低，频率高的声音听起来调子高（语言频率较窄，男生一般为 80～10 000Hz、女生为 100～12 000Hz）。人类不能听到所有频率的声音，人耳的适宜刺激范围是 20～20 000Hz[②]。
>
> **音色：**音色是人们在主观感觉上区别具有同样响度和音调的声音的特性，音色主要取决于声音的波形，但也同响度和音调有关。

思考这样一个问题：同样的音色、同样音调（即振幅一样）的声音，为什么我们会认为 1～4kHz 频率段的声音会更加响亮？

有的人认为：不管是多少赫兹的声音，只要振幅相同，人耳应该听起来是一样的响亮。但是为什么人会主观地认为 1～4kHz 的声音大一点呢？难道是共振吗？

这个猜测是不对的。其实，1～4kHz 这一频段对人的进化非常关键，它是我们说话最轻松、最能传递信息的频率，这也是我们对这个特殊频段的声音感觉异

① 管恩京，张鹤方，王厂，等. 数字音频技术[M]. 北京：清华大学出版社，2017.
② 管恩京，张鹤方，王厂，等. 数字音频技术[M]. 北京：清华大学出版社，2017.

常敏感的重要原因。让思绪回到石器时代，那时候人们的日常生活并没有和其他动物分得很开，很可能会遭遇到野兽来袭的事件，如果能提前意识到野兽来袭的声音，逃生机会也许就会更大一点。因此，1～4kHz 是和我们的生活息息相关的一个频率段，一旦有危险，比如有人说"快跑"。这个时候，哪怕声音再小，大脑也可以把它提取出来，让你能够非常主观地听到声音并实施行动，赶快逃离现场。这样神奇的功能得以实现，正是因为耳道的设计和耳廓的设计，它们增强了微小的声音，其中包括了频率的增强，这一现象在一些心理学、生理学和脑神经科学的书中也有介绍。

二、人耳的非线性效应

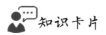知识卡片

人耳的掩蔽效应：一个声音在听觉上会掩盖其他声音。

说起人耳的掩蔽效应，大家可能听着觉得有些陌生。但是这个效应在生活中十分常见。课间休息的时候，大家都在到处走动，教室里热闹非凡，突然，某某同学说起了你的名字，这时，你会立刻警觉起来，心里想着"谁在说我名字"。很多人都有过这种体验，当在某个地方说另外一个人名字的时候，这个人非常敏感，会马上知道"有人说我名字"。哪怕环境特别嘈杂，他也会有所反应。我们给这种反应起了个名字，叫"鸡尾酒会效应"（在纷乱的酒会现场，人们照样能听出其中某个人的声音来）。这意味着，即使身在纷繁嘈杂的环境下，人们对特定的声音依然会非常熟悉，同时人耳会掩盖掉其他声音，哪怕附近有蜂鸣声、机器的转动声、走道中人来人往的声音以及其他声音，人们都不会感觉出来，因为人耳的掩蔽效应发挥了作用，在听觉中帮助你把其他信息屏蔽掉，留下你最在意的那一个声音。

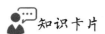知识卡片

颤音效应：人耳同时听到两频率相近的纯音时，会产生差频似的颤音感。
哈斯效应：当内容相同的两个声音相继到达人耳时，仅当第二个音延迟时间达到 35ms 之后，才会感受到有延迟音出现。

在哈斯效应作用下，当两个内容相同的声音，依次进入人耳时，人耳会产生一个延迟的音，这就是我们经常说的"回响"。其实平时上课的教室里面是有回音的，只不过回音不明显而已。但是，在山谷这种空旷的环境里，一旦两个声音的距离达到了 35ms 之后，你会感觉到一种清晰的回响声，这令人有种荡气回肠的

通透感。诗仙李白在《早发白帝城》中就用一行精妙的诗句描述了这一场景："两岸猿声啼不住，轻舟已过万重山。"这句诗的意思是，两岸猿猴的啼声不断，回荡不绝。猿猴的啼声还回荡在耳边时，轻快的小船已驶过连绵不绝的万重山峦。多么动人的场景啊！

三、人耳的声音定位机理

（一）两个关键机制

人耳的非线性效应体现出大脑和其构造是非常聪明的。大家应该会有一种这样的经历：当背对着行驶的汽车时，虽然没有亲眼看到汽车是从侧面还是从前面开过来的，但凭着声音从耳边呼啸而过，我们可以清晰地判断出汽车的大致位置。因此，在平时走路的时候，一旦感觉到有一辆汽车马上要经过身旁，人们就会格外地小心。这种身体反应就是双耳效应的结果。

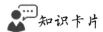知识卡片

双耳效应：声音绕过头部时，会在两耳间产生声压级差。听觉神经中枢可根据相位差和声压级差等因素进行综合判断，来确定声音方位。

人耳的声音定位的机制主要有两个。第一个是双耳效应，它给予了我们分辨方位的能力。但除能分辨方位以外，分辨的准确程度又要由另一个因素决定——耳廓效应。

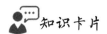知识卡片

耳廓效应：不同频率的声波会由于耳廓的形状特点而产生不同的反射，反射声进入耳道与直达声之间就产生了时间差（相位差）。耳廓效应对声音定位能起到一定的辅助作用，特别是对频率较高的声音。

耳廓效应提高了人耳定位的精准度。声音经耳廓的不同反射进入耳道之后，反射声和直达声之间产生时间差，由此使得定位精度得到一定程度的提升。一般人的声音定位能力都比较不错，但也有一部分人定位不清楚，具体情况因人而异。

（二）声音定位的多重线索

人们是怎么发现人耳的声音定位规律的呢？科学家们最初选择从动物着手。被选中动物的首要条件就是天生听觉特别好。经过考虑和挑选后，最终科学家选

择了一种猫头鹰——仓鸮,将其作为推动猫头鹰行为研究新阶段的突破口。

仓鸮经过长期夜间捕猎后,演化出特殊的行为机制和适应性的解剖结构。根据辨析仓鸮声音定位的研究[1],科学家们发现了仓鸮定位的两种机制。第一种借助了双耳的时间通道:仓鸮有着非常奇特的身体特征——左右耳高度不对称分布,一高一低。其中左耳低于右耳的高度,这一特征使得其左右耳的定位出现时间差,在水平维度上形成声音线索。声音是立体的,为了准确地定位出三维空间里的声音位置,除了时间通道,在垂直方向上,仓鸮还有着另外一个通道——强度通道。这个通道能够辨别声音的强弱,由此确定声源的竖直位置。通过两种通道,声音信号分别被仓鸮丘系核每个区域处理后汇聚于外侧丘系核上,具有某一特定特征的信号被外侧丘系核中特定的神经元接收,不同神经元的兴奋则可表示声音在三维空间中的位置,由此成功定位到声源。

科学家通过生理解剖实验[2],进一步完善了声音在时间通道上的过程。假设耦合检测器是一组细胞,实验中的声音信号到达左耳和右耳的时间可以通过这个耦合检测器来检测。

当声源直接位于仓鸮的前方时,刺激不会同时到达两耳。由于刺激传送通过延迟线,表征中央位置的耦合检测器会被两耳同时激活。

当声源位于左侧,声音首先到达左耳。那么偏向反方向的耦合检测器就会被两耳同时激活。

后期通过仓鸮解剖实验,进一步证实了这类细胞存在的真实性,它们具备了判断两个声源是否能够同时到达,以此去计算声音方位和角度的功能。事实上,人耳的机制在这一基础之上做了进一步的优化,其复杂程度远远超过了仓鸮定位的机制。

四、声音的间隔

图 8-5 显示了一段语音的两条音频波形。

音频内容是"华中师范大学",每个字之间间隔相对较长,听起来语句清晰明了,其波形显示如图 8-5(a)所示,呈锯齿状分布。如果语速再快一点,你会发现声音的波形变成了图 8-5(b),在这幅图里,声音之间看起来更加紧密,看不到明显的边缘界限。如果按照第二条音频练习发音,其他人是很难听懂的,因为语句里的每一个字间隔过短。学习外语时也是如此,非母语学习者在听一段连续

① Gazzaniga M S, Ivry R B, Mangun G R. 认知神经科学:关于心智的生物学[M]. 周晓林,高定国,等译. 北京:中国轻工业出版社,2011.

② Gazzaniga M S, Ivry R B, Mangun G R. 认知神经科学:关于心智的生物学[M]. 周晓林,高定国,等译. 北京:中国轻工业出版社,2011.

的、语速较快的音频时表示："老师，每个单词分开读我能听懂并读出来，但放在一起听我就听不懂了。"

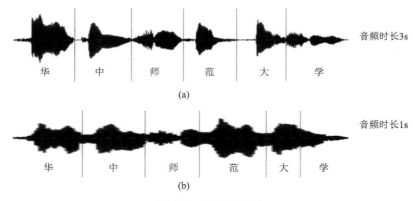

图 8-5　音频波形图

单词发音是有规律的，有连读，有弱化，还有浊音。这些规律使得音频有了很多不一样的变化。这其实和文本素养是一样的。对于如下的一行文本，你能读出来吗？

THEREDONATEAKETTLEOFTENCHIPS

如果你觉得有困难，请再接着往下看。

THE RED ON A TEA KETTLE OFTEN CHIPS（茶壶上的红色部分往往会碎裂）

THERE，DON ATE A KETTLE OF TEN CHIPS（在那里，唐吃了一罐十片装的薯片）

现在,你是不是感觉到能够轻易理解了呢？因为第二行文本是有语境判断的。在书写时，单词之间有时候会写得很近，但是大脑能够帮助我们去分辨到底是OFTEN 还是 OF TEN。巧妙地利用听感的规律，大脑能提供更省时省力的方式，去理解声音里的各种含义。

五、有趣的方言

请同学们来用各自家乡的方言读一下这首诗歌。

泊秦淮

[唐] 杜牧

烟笼寒水月笼沙，夜泊秦淮近酒家。

商女不知亡国恨，隔江犹唱后庭花。

简单梳理一下，方言既有北方音，又有南方音。事实上，古往今来的每个朝代都会有自己的官方普通话，现在的普通话是以北方的方言为主的。在宋朝的时候也有普通话，只不过当时没有拼音，所以是用其他方法来注音的，整理收集了这些方法的书就是《广韵》（图8-6）。

《广韵》有北宋监本、南宋监本、南宋坊刻本传于后世，元、明、清及以后各版本皆可溯源于此。北宋监本，傅氏双鉴楼所藏者仅存上平、上、去3卷，日本金泽文库所藏者为5卷。南宋监本，有涵芬楼藏影写本，《古逸丛书·（宋本）广韵》底本、清曹寅刊《广韵》前四卷即此本（卷5以元椠配），清张士俊《泽存堂五种·广韵》亦近此本，元椠泰定本、至顺本、至正本、勤德堂本也源于南宋监本，明内府本又源于元椠本，顾炎武本、明乙未岁勤德堂刊麻沙小字本《广韵》又源于明内府本。南宋坊刻本，知

图8-6 《广韵》

有建宁黄三八郎书铺所刊《钜宋广韵》本、南宋巾箱本《广韵》传于后世。①

《广韵》里记载着如何用其他文字来标注这个音在当时宋朝的发音，现代研究古汉语的学者就根据这个发音还原了当时苏轼词里面真实的发音。

专家指出，苏州话的"声母"和广州话的"韵母"最像《广韵》。也就是说，宋朝官方所说的普通话，实际上是由现在流传下来的苏州方言的声母，加上广州方言的韵母组合而成的。反过来想，每一种方言中不同的发音都会保留下来，由于时间的变迁，现在保留下来的也会发生变化。现在，广州粤语方言有六个声调，而苏州话的声母要比武汉方言多。此外，在普通话里没有浊音部分，但是你会在苏州话里听到这样的发音。这就是现在听各种方言却难以辨别的原因。

大家想一想，在听到古诗吟诵时，有什么感觉？你会不会觉得，一边读诗一边摇头晃脑最能够跟当时的情境沟通？实际上，语言、语音在这个时候就变成了一个理解作者表达意思的过程。在学习古诗的过程中，大家可以利用各种媒体工具和学习方法，或组织各种活动来帮助自己进入古诗情境、理解故事含义、体会作者用意。吟诵是学习古代诗词的一种重要方法，吟诵有众多流派，风格也不一，大家熟悉的"摇头晃脑"是吟诵的一种方式。

① 李俊杰.《广韵》版本系统简述[J]. 古籍整理研究学刊，2006，（6）：63-64.

吟诵的国际影响

　　吟诵是我国优秀的非物质文化遗产代表作,是公认的中国文化独特魅力之一,在国际上享有很高的声誉。吟诵汉诗在海外一直盛行不衰,不仅在华人中间,而且在日本、韩国等很多汉文化圈的国家中,也一直流传。比如日本的吟诗社社员就有百万人以上,他们经常来中国交流访问。

吟诵的分类

　　吟诵的方法分两大类。有格律者（近体诗词曲、律赋、骈文、时文等）为一类,依格律而吟诵;无格律者（古体诗、古文等）为一类,多有上中下几个调,吟诵时每句或做微调,组合使用,以求体现诗情文气。

吟诵是中国诗文诵读的"活化石"

　　目前,吟诵人数比较多、吟诵保留尚比较系统的地区已经很少了,而江苏常州、福建漳州、广东广州、湖南长沙、河北河间、北京等地还有较好的保留。传统吟诵的先生中有很多人只会部分文体的吟诵,只有少数学养深厚、书香世传的先生吟诵的文体比较全面。吟诵,渐渐成为中国诗文诵读的"活化石"。[①]

题都城南庄

崔护

去年今日此门中,人面桃花相映红。

人面不知何处去,桃花依旧笑春风。

　　你听过方言版的《题都城南庄》吗？如果用方言去学和理解这首古诗,你会发现其实中、红和风的押韵更顺耳。比如上海话来朗读时,中、红和风这三个字就是押韵的。那么这些对教学有什么作用呢？我们下面来探讨第三个问题:音频材料在教学中的应用。

第三节　音频材料在教学中的应用

一、音频应用的基本原理

　　第一节里提到,教学中有两种常用的音频格式,一种是 MP3,另一种是 WAV。教师经常会在课件里面插入教学音频。如果有三段音频——《小苹果》《青花瓷》

---

　　① 朴古. 意想不到,"摇头晃脑"的吟诵竟然有如此功效[DB/OL]. http://www.chinakongzi.org/yuanchuang/201903/t20190311_191197.htm[2023-03-30].

《Super Star》，请问这些音频是否可以应用在教育中？如果可以的话，要用什么样的方式来合理使用？

学习者 A：如果把知识点放到歌曲里唱出来，可能有助于记忆。比如，我以前就听过把化学元素放到了《青花瓷》里。（基于知识点的歌曲改写。）

学习者 B：《小苹果》可以用于小学生的课间操，因为很有活力，节奏很适合。（利用节奏欢快的音频作为课间运动或者教学活动开展的背景音乐。）

学习者 C：在语文课上，老师可以利用《青花瓷》作为讲课的背景音乐来烘托气氛。因为歌曲中古典乐器的运用非常适合营造出一种舒缓、古香古色的氛围。（利用节奏舒缓的音频烘托学习气氛。）

上面三位学习者提到的不同方法是基于什么原理将音频材料运用到教学中的呢？

其实，不管用什么方式处理、操作音频，我们都应遵循一个原理，即戴尔的经验之塔。学习体验（learning experiences）是非常重要的，教学媒体拓展了学习者的学习体验。正如我们提到的：学习空间设计。如果你的桌椅很舒服、环境感到很安静，那么身体触觉的体验就非常好。然而，音频带来的是听觉体验。在使用音频材料时，学习者的学习体验是基于声音的。我们可以用一句话来描述其背后的根本原理：音频可以扩展和深化学习者的学习体验。

二、教师与学习者视角下的音频运用

在教学中，音频材料的使用对象不仅有老师，还有学习者。

（一）教师视角下的音频运用

1. 教学推进

教师利用音频来推进教学过程，实现某些教学环节的开展。比如，"上课""XX同学请发言"等直接性口头指令。

2. 学习者发展

教师通过有选择地使用音频来促进学习者发展，完善学习者的知识结构，培养学习者的各种技能。比如，在英语课上，老师播放英语听力以锻炼学习者的听力技能。

3. 学习评估

教师合理应用音频对学习者的学习成果、学习行为、学习效果等进行评估。比如，小组汇报后，教师对各组成员表现进行口头评估反馈，提出相关建议。

在教学中，教师更多地选择利用音频材料去做直接性的教学。比如老师带领学习者唱改编后的含有知识点的歌曲，就是用音频去学习的表现。教师要完成一首完整的改编歌曲，需要找到歌曲伴奏，撰写歌词后录制演唱，最后对所有词曲进行合成，必要的时候还需要进行降噪、修音等后期处理。这一过程对教师的专业素养提出了一定的要求，要求教师能够完成信息检索，具备基础的音频制作技能。可以发现，教学媒体的应用与教师专业发展的关系实际上是十分密切的。

（二）学习者视角下的音频运用

有时候，学习者使用音频进行学习，可能比老师使用音频进行教学的效果更好。学习者视角下的音频运用有如下六种方式。

1. 采访

在课堂上，学习者之间可以去做一些调查采访，以音频的方式实现。

2. 汇报

课堂汇报时，大部分学习者选择用音频方式去进行。

3. 田野调查录音

开展田野调查的时候，学习者使用录音技术，录制现场调查的内容。

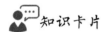知识卡片

　　田野调查：被公认为是人类学学科的基本方法论，也是最早的人类学方法论。它是来自文化人类学、考古学的基本研究方法论，即"直接观察法"的实践与应用，也是研究工作开展之前，为了取得第一手原始资料的前置步骤。田野调查可分为五个阶段：准备阶段、开始阶段、调查阶段、撰写调查研究报告阶段、补充调查阶段。[①]

4. 朗诵诗歌

将朗诵诗歌（recite poetry）列为单独一项，旨在体现出用声音去解读文字的重要性。利用方言去学习诗歌，实际上就是在运用音频去解读诗歌里所包含的信息。

5. 有声书

目前随着移动端设备的普及，一类新的媒体应时而生——有声书（audio books）。读者打开有声书软件中带有声音的电子版文章，就可以直接听见书中内容，而不用去阅读。

---

① 小黄. 做好设计，必不可少的九大环节![DB/OL]. https://zhuanlan.zhihu.com/p/61936738[2023-07-22].

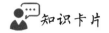知识卡片

有声书

　　有声书，又称有声图书、有声读物，原指包含不低于51%的文字内容，复制和包装成盒装磁带、高密度光盘或单纯数字文件等形式进行销售的录音产品。伴随网络时代的到来，除上述有形载体外，有声书还通过互联网，借助于电脑（网站）和手机（听书APP）等进行传播。

　　有声读物于 1934 年诞生于美国，最初是为了方便盲人的阅读，整个市场的形成则始于 20 世纪 60 年代，兴起于 2000 年前后。我国的有声书则始于 1994 年，介质为 CD 和电子书阅读器，当时的制作主体多为出版社，内容多为文学名著，如中国高等教育出版社的"中国名著半小时系列"。2000 年后各类有声读物网站如雨后春笋般出现；2012 年，适应于移动互联网的各类听书 APP 或网络电台纷纷创建，成为有声书市场的一支重要力量。

　　资料来源：闫伟华，申玲玲. 我国有声书行业的发展现状与策略研究[J]. 出版发行研究，2017，（2）：42-45.

　　6. 音乐创作

　　学习者在学习过程中可以录制、创作音乐。

三、音频材料在教学应用中的优缺点

　　将音频材料运用在课堂中，既有优点，也有缺点。

　　（一）音频材料在教学应用中的优点

　　1. 简单便携、易获得

　　音频应用于课堂有较多优点，它可以增强学习体验。音频的获取也非常简易、便利，比如，唱歌就是一种音频应用，并且不需要其余材料。

　　2. 成本低

　　教学中使用音频时，无须像使用视频时要连接投影进行播放，只需准备一张挂图，在挂图上面显示音频的文字内容即可。因此，音频应用的成本相对低廉。

　　3. 可复制

　　音频在数字的阶段，是可以完全复制的。

　　4. 提供可反复的、及时的信息

　　音频材料能够提供语音的信息，这种语音的信息使得人们可以一边听声音一

边看东西。根据多媒体学习的研究，音频信息和视频信息两者是相对独立的，音频信息不会增加视觉通道的认知负荷。

5. 第二语言教学的理想选择

学外语最理想的方法就是音频教学，特别是进行音频的纠正、音频的训练。

（二）音频材料在教学应用中的缺点

当然，音频材料在教学应用中也有很多缺点。

1. 版权问题

有的音乐可以免费下载，但一般高质量的音乐是收费的。版权问题是在使用音频的时候应当注意的要点，我们必须遵守相关的法律法规。

2. 缺乏注意力监控

音频的刺激是按照序列来进行的，可能使教师对学习者专一程度的控制更加困难。利用视频教学则相对容易。

3. 固定顺序，难以定位区段

由于音频是按照线性流程进行的，所以要定位到某一点也比较麻烦。老师需要在教学开始前，使用一些音频处理软件进行剪辑处理。

练　一　练

音频素养在 21 世纪非常重要，它的定位机制和原理还有待于进一步探索。我们可以利用各种各样的语言和音乐来促进学习。

在前面的学习中，大家已经体会到了方言在教学中的魅力。请你在网络收集资料的基础上，举出一到两种将方言运用于教学的实例，并在下面的方框中简单描述。

方言运用的实例举例

第九章 视频材料

学习目标

1）掌握视频的特性，了解视频在时间和空间上的不同操作。

2）掌握视频的不同分类，能够区分不同分类标准下的视频类别。

3）掌握视频在教学中的不同作用及其应用的优缺点，理解指导视频应用于教学的理论，并充分利用视频的优势于教学实践中。

4）了解基于视频进行学习分析的基本思路。

本章结构图

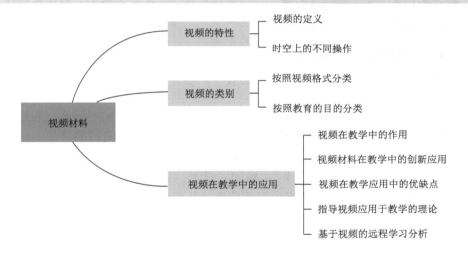

第一节 视频的特性

一、视频的定义

在前面几个章节中，我们分别学习了文本、图片、音频三类教学材料的应用。今天我们要继续关注另外一种使用广泛的教学材料——视频或影片。

1872 年，斯坦福大学创办人、美国实业家利兰·斯坦福（Leland Stanford）聘请英国摄影师迈布里奇来解决一个"棘手"的问题：马在奔跑时，是否有四个蹄子同时离地的时候？迈布里奇运用多个相机快速摄影的技术，拍摄马在短时段内的运动图像，捕捉到了四个马蹄同时离地的影像（图 9-1）。1879 年，迈布里奇发明了"动物实验镜"（zoopraxiscope），这个可以播放运动图像的投影仪被认为是第一个播放视频的机器[①]。

埃德沃德·迈布里奇（Eadweard Muybridge）于 1830 年 4 月 9 日出生在英国泰晤士河畔金斯顿区，1855 年移居美国，1904 年逝世。他是英国出生的美国籍摄影家、发明家，被誉为"动态摄影之父"和"电影之父"。1887 年，他出版了《动物的运动》，他的开创性工作和发明，使人们跨入了"电影和电影摄像的时代"。

图 9-1 是迈布里奇的作品，照片证明了马在奔跑时并非只有单蹄着地。迈布里奇利用机关和线将 24 台摄像机的快门连到了马匹上，由此捕捉到了马奔跑的全过程，拍下来图中的 24 张照片之后，迈布里奇将这 24 张照片合成一套原始的动画，方法是把这些照片放到一个在光源前面旋转的玻璃盘上，也就是他的"动物实验镜"。这一发明为爱迪生提供了研究并发明电影的灵感。[②]

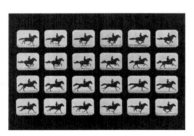

图 9-1　飞驰中的萨利·加德纳

视频是一种电子媒体，用于记录、复制、回放、广播和显示移动的视觉媒体[③]。

视频本质上是一系列的视觉媒体材料在时间、空间上的捕捉记录、处理、存储、发送与重现。平时生活中看的电影、电视以及现在非常流行的趣味短视频都属于视频的范畴。

视频信息具有一系列的优点[④]：确切、直观、具体生动、效率高、应用广。视频信息容量大，通过视觉获得的视频信息，往往比通过听觉获得的音频信息更多。这些优势使得视频在教育领域有着较强的可利用性。

二、时空上的不同操作

视频的定义告诉我们，运用视频的实质是对时间和空间的操作。

---

① Solnit R. River of Shadows: Eadweard Muybridge and the Technological Wild West[M]. New York: Viking, 2003.

② 戴维·卡帕尼. 迈布里奇, 持续[DB/OL]. 李鑫译. https://www.sohu.com/a/255329990_166005[2023-03-30].

③ Li M, Guo Y, Chen Y. Cnn-based commercial detection in TV broadcasting[C]//Proceedings of the 2017 VI International Conference on Network, Communication and Computing, 2017: 48-53.

④ 邓小妮, 李天波. 视频媒体"流"行网上[J]. 中国电化教育, 2002, (7): 74-76.

（一）对时间的操作

对时间的操作（manipulation of time）包括对时间的压缩（compression of time）以及对时间的扩展（expansion of time）。

对时间的压缩是将一段长时间的视频压缩至一段短时间内播放，这种方式就是我们平时见到的"延时摄影"（图 9-2）。运用延时摄影技术，我们可以再现一朵花从含苞待放到完全绽放的整个过程，也可以记录日食、月食、日出到日落的所有过程。

图 9-2　延时摄影过程

时间的扩展可以理解为将时间拉长。大家认为在什么情况下需要时间的拉长呢？看体育比赛的时候，每场比赛的胜利时刻是不是都会被拉长？这种时候常常会使用慢镜头来起到拉长时间、减缓动作的作用，将一些特殊的、值得铭记的时刻定格下来。高速摄像机可以实现慢镜头效果拍摄，拍摄后再回放，呈现出非常惊艳的时间扩展的视频效果，比如蛇扑向人的瞬间，又或者是水球破裂的一瞬间。

（二）对空间的操作

日常教学也需要对空间进行研究。比如，了解微观世界——学习生物细胞、微生物繁殖等等，或者了解宏观世界——学习天体宇宙。微距摄影就是一种近距离拍摄的摄影方式，如图 9-3 所示，微距摄影可以展现物体的细节与纹理，呈现出独特的视觉效果。电子显微镜在对空间的操作（manipulation of space）上具有重要作用，特别是对于微观世界的各种探测。有了电子显微镜，我们可以观察到许多肉眼无法看到的细节，例如了解壁虎爬墙的秘密，观测到壁虎脚的刚毛上的趾垫，探寻蜘蛛丝坚韧又有弹性的结构特性是如何形成的，也可以深入细胞世界，甚至于纳米世界。

图 9-3　微距摄影

（三）动画

除了对空间和时间的操作，视频有时候还需要模拟出某一动作或事件的发生过程。这时，动画就可以很好地满足我们的需求。

从生产技术和手段的角度来看，动画制作一般可以分为四类。

1. 基于手绘的传统二维动画

传统的二维动画是以绘画的方式来表现人物的每个动作从而实现动画制作的。我们可以估算一下，通常情况下，一部 90min 的卡通动画，每幅动画以 2 帧计算，大概需要 60 000 幅画，相当于几十名画家一两年的工作量。例如，中国传统动画《黑猫警长》《葫芦娃》等都是基于手绘的传统二维动画。

2. 以黏土人、木偶或混合材料为主要角色的定格动画

定格动画通过逐格地拍摄对象然后使之连续放映，以呈现出丰富的动作。例如图 9-4，每次移动完小圆珠就拍下一张照片，不同颜色的小圆珠在一次次移动中呈现出一个卡通头像。《曹冲称象》、《阿凡提》和《神笔马良》等都是典型的定格动画。

3. 剪纸、皮影和木偶等其他艺术形式的动画

剪纸、皮影、木偶等的动画形式具有很强的中国特色。皮影戏是让观众通过白色幕布，观看一种平面人偶表演的灯影来达到艺术效果的戏剧形式（图 9-5）。早在 1958 年，中国就有了第一个剪纸动画《猪八戒吃西瓜》。1980 年，木偶和真人结合电影《小铃铛》成为当年火爆的大片。20 世纪 60 年代中国制作的水墨卡通片《小蝌蚪找妈妈》形成了最有中国特色的艺术风格。

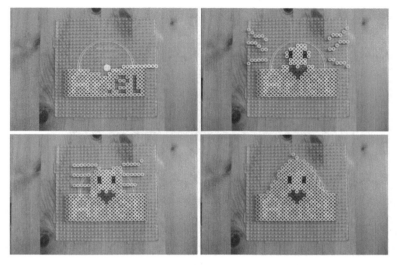

图 9-4 定格动画

图 9-5 皮影戏

4. 基于计算机的电脑动画

基于计算机的电脑动画也是教学中最为常见的类型（图 9-6），它包括二维动画和三维动画。二维动画大多简单明亮、装饰丰富、文件尺寸小、易于传播，但难以像三维动画一样模拟真实的三维空间效果。

随着计算机技术的不断发展，三维动画开始进入人们的视野。三维动画又称3D 动画，利用三维动画软件在计算机中模拟真实效果或虚拟世界。迪士尼热门电影《冰雪奇缘》《灰姑娘》等都是优秀的三维动画作品。现在的电影行业，常常采用 3D 动画技术去实现一些真人拍摄无法完成的镜头，比如漫威系列电影《蜘蛛侠》《钢铁侠》《美国队长》等等，都有 3D 动画的表现。

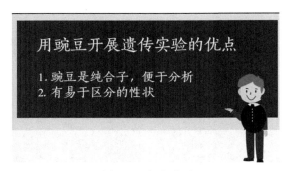

图 9-6　电脑动画

　　最早的 3D 视频需要佩戴红蓝眼镜才能观看到立体的效果。如今，3D 视频、VR 视频越来越受到教育界的关注。这类视频能够带给学习者更好的临场感，给予学习者更真实、互动性更强的学习体验。

在线临场感①

　　在线临场感是网络学习空间中学习者自身建立存在关系的一种能力，它反映了学习者在网络学习过程中的一种心理状态，体现了在在线学习环境中，学习者在社会、情感、教学、认知等方面的相互作用过程，对学习者高阶思维层面的心理发展有一定的促进作用。

　　在线教育的快速发展推动了以学习者为中心的网络学习活动设计，在线临场感可以减轻学习者在网络学习过程中的焦虑感和孤独感，促进学习者的深层次学习，正越来越受到国际研究者的关注。比如，基于弹幕的视频交互技术，研究表明，弹幕②在一定程度上有助于增强学习者的社会临场感，减少其在网络学习过程中产生的孤独感。

　　那么，我们为什么能够看到 3D 视频呢？这需要从生物学的角度去解释。

　　光线经过晶状体，到达视神经。视神经的最里层有两种细胞，一种叫视杆细胞，另一种叫视锥细胞，它们对光的敏感度不同。正因为这种不同的光感度产生了电脉冲（化学信号），电脉冲通过胶质层，到达视神经纤维，后经过左右视交叉，最终来到视觉皮质层，让双眼可以完成空间的定位。

---

　　① 吴祥恩，陈晓慧. 国际在线临场感研究的现状、热点及趋势——基于 2000—2017 年 WOS 核心数据库相关文献的知识图谱分析[J]. 中国电化教育，2018，(2)：37-45.

　　② 张婧婧，杨业宏，安欣. 弹幕视频中的学习交互分析[J]. 中国远程教育，2017，(11)：22-30，79-80.

第二节　视频的类别

一、按照视频格式分类

按照视频格式，可以将视频分为两大类：数字化视频、模拟式视频。

（一）数字化视频

数字化视频在日常生活中比较常见，包括 DVD、蓝光视频（blu-ray video）、基于计算机的视频（computer-based video）、基于因特网的视频（Internet-based video）、压缩视频（compressed video）以及基于流媒体技术的视频（video based on streaming technology）。在线视频大都基于流媒体技术，这类视频可以一边预览一边播放。现阶段，广泛采用的高质量的数字视频信号格式包括串行数字接口（SDI）、数字视频接口（DVI）、高清多媒体接口（HDMI）和显示端口接口（DP）。

流媒体技术及其教育应用

流媒体就是指采用流式传输技术在网络上连续实时播放的媒体格式。流媒体技术也称流式媒体技术，所谓流媒体技术就是把连续的影像和声音信息经过压缩处理后上传到网站服务器，由视频服务器向用户计算机顺序或实时地传送各个压缩包，让用户一边下载一边观看、收听，而不是要等整个压缩文件下载到自己的计算机上后才可以观看的网络传输技术。

其原理在于能够先在使用者端的计算机上创建一个缓冲区，在播放前预先下载一段数据作为缓冲，在网络实际连线速度小于播放所耗的速度时，播放程序就会取用一小段缓冲区内的数据，这样可以避免播放的中断，也使得播放品质得以保证。

流媒体技术解决了以视音频信息为代表的多媒体信息在中低带宽网上的传输问题，在教育领域有着广阔的应用前景，比如远程教育培训、教育教学管理等多个方面[①]。

以远程教育培训为例。现代远程教育网重在运作，重在服务，它之所以有优势，是因为它能真正服务于教育者和受教育者。现代远程教育网的生命力在于它的服务能力的提高，在于它的动态发展。因特网是远程教育中各类资源的基础网络载体。由于因特网是典型的中低带宽网，带宽直接影响着视频等大容量实时多媒体信息的传输。以前因特网上传输的大多数信息仍然是静态的（文本、图片或图像信息），很难发挥视频信息的优越性。流媒体技术的采用实现了流畅、便捷且

---

① 王以宁，郑燕林. 流媒体技术及其教育应用[J]. 中国电化教育，2000，（11）：65-67.

高效的视频传输，丰富了因特网上的信息资源，其中包括内容的丰富、表现力的丰富等等，提高了信息资源的利用价值和应用效率。

（二）模拟式视频

图 9-7 中教师在课堂上给同学们展示了一个磁带，里面装着磁粉，需要用专业的机器来观看，这是模拟式视频的存储设备。

图 9-7　磁带

准确地说，模拟式视频是由模拟信号传输的视频信号。平时外接电脑的时候会使用到的视频图形显示适配器（VGA）接口、外接电视时使用的三原色（red green blue，RGB）视频接口，传输的都是模拟信号。图 9-8 和图 9-9 展示了一些视频相关的设备和设施。

(a) 复合视频接口　　(b) S-端子　　(c) 分量视频接口　　(d) SCART　　(e) VGA　　(f) TRRC
　单通道RCA　　　双通道YC　　　三通道RGB

图 9-8　模拟式视频

(a) SDI　　　　　(b) DVI　　　　　(c) HDMI　　　　　(d) DP接口

图 9-9　数字化视频

二、按照教育的目的分类

按照教育的目的，可以将视频分为四类：记录型（documentary）、戏剧型（dramatization）、讲故事型（storytelling）和虚拟浏览型（virtual field trips）。

（一）记录型

记录型视频，也就是通常所说的纪录片。这类视频拍摄生活中真实或重演的事件，记录了真实的故事，反映了真实的情况，例如，纪录片《红外线感应》便展现了红外线感应下各个物体的状态，当温度变高时，物体颜色就会由最初的黑色变为红色，甚至是金色。该视频仅仅作为事实的陈述，但生动地展示了另一角度下的生活百态，同时还给学习者科普了红外线的作用。

（二）戏剧型

戏剧型视频是用戏剧化的方法再现历史，它描述了一个历史改编故事，表达出了鲜明的态度。要注意，戏剧型视频是需要有角色扮演的，例如《国宝档案——天下名楼 悠悠千载黄鹤楼》中还原了这样一个场景：大诗人李白在黄鹤楼上凭栏远眺，诗兴大发，正准备提笔写诗时发现崔颢在墙上写着"昔人已乘黄鹤去，此地空余黄鹤楼。黄鹤一去不复返，白云千载空悠悠。晴川历历汉阳树，芳草萋萋鹦鹉洲。日暮乡关何处是？烟波江上使人愁"，李白看后摇摇头，他觉得这首诗把他要表达的情感写到了极致，写得实在是太好了！显然，这段视频中，李白的形象、动作等都是由演员表演出来的，这便是用戏剧化的方式重现历史情景。

（三）讲故事型

讲故事型视频通过讲述故事来突出视频的核心思想，这类视频极具创造力和感染力。讲故事型与戏剧型的区别在于，前者更关注于故事的整体发展，后者则更强调角色的地位。

讲故事型视频并不是单纯地向学习者讲述一个完整的故事，而是以这种形式引出主题。例如在电视栏目《光阴·中国美食探秘》中，设计者没有直截了当地说"今天我们来寻找中国美食"，而是将村民们去新的戏台看戏的故事娓娓道来，利用视频中隐隐约约的戏曲声，为后续美食的出现营造出一种质朴而又美好的氛围。

（四）虚拟浏览型

虚拟浏览型视频展示的是现实生活中难以访问的地点，学习者往往对这些地点没有足够的直接或间接经验。因此，我们需要基于先前的知识通过这种虚拟化情境来拓展描述。这类视频除了可以利用 3D 技术，VR 技术、AR 技术也是很好的技术支撑。

例如，在 The Weather Channel 电视网的混合现实（MR）龙卷风科普节目中，节目组通过视频的方式模拟出龙卷风下的各种危险事态，并以此教会观众遇到自然风险时需要掌握的自救措施。

第三节　视频在教学中的应用

一、视频在教学中的作用

视频在教学中的作用有以下四点。

（一）理解概念和原理

视频能够帮助学习者理解概念和原理。比如，播放桑代克迷箱实验的纪录片还原当时的场景，以此向学习者呈现这一实验的过程及其发现。

（二）模拟操作与实践

视频能够模拟教学中的一些操作与实践。

比如，大家可以回忆一下高中的生物课。在课堂上，大家会学习到诸如细胞的结构、主动运输和被动运输之类的生物学基础知识，但是老师并不能够给每一位同学提供真实了解细胞的实践性工具，常常是通过图画或者文字等视觉材料来进行教学的。但是这种教学依然不够具体，可利用视频模拟生命发生过程，并为学习者提供可交互的操作工具，使知识更加具象化、可操作化。例如在一个关于青蛙解剖的交互类学习视频中，画面左侧有各种解剖工具及其使用说明，右侧是操作台，学习者观察视频中操作者对青蛙的解剖过程，就可以清楚地认识到青蛙的身体结构，无须真正地去进行解剖。

（三）体验不同的经历

视频可以带领学习者体验不同的经历，如前面提到的龙卷风来袭的现场、火山爆发的瞬间等危险系数较高的环境，或者亚马孙生态系统、热带雨林探险等难以实地考察的地方。视频可以带领我们去体验任何地方发生的任何事情，而这些经历又可以成为我们教学过程中的一些辅助手段。

（四）支持习题的设计

视频能够作为支撑课后习题设计的一种有效方式。

例 1　用视频制作配对题
图 9-10 利用了三个不同内容的视频设计出了一款简单的配对题。学习者可以

在观看视频后，将关键词与对应的视频配对，寓教于乐，非常有趣味性。还可以基于技术对习题设计做进一步优化，比如加入一些系统反馈，在学习者回答正确的时候自动弹出音效或者对话框予以鼓励。

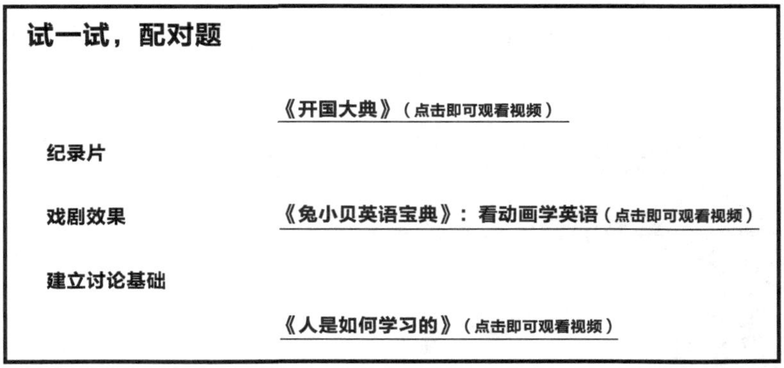

试一试，配对题

　　　　　　　　　　《开国大典》（点击即可观看视频）

纪录片

戏剧效果　　　　　　《兔小贝英语宝典》：看动画学英语（点击即可观看视频）

建立讨论基础

　　　　　　　　　　《人是如何学习的》（点击即可观看视频）

图 9-10　视频制作配对题

例 2　使用纪录片

将纪录片引入课堂教学，比如《开国大典》纪录片，可用于历史或者语文课堂教学等。

例 3　使用戏剧效果

戏剧效果可用于幼儿启蒙，运用的戏剧性的效果吸引学习者学习。

例 4　建立讨论基础

教师可以播放视频，引导学习者讨论视频内容、有何启发等。

在图 9-11 的真实课堂中，教师就利用视频模拟了自己与著名教育技术学专家加涅的临时通话，同时还加入了一些小设计，使得视频中的加涅与教师进行真实互动。

图 9-11　自制视频模拟与加涅通话

二、视频材料在教学中的创新应用

（一）3D 建模渲染视频

在进行操作性知识的讲授时，可以通过视频展示操作步骤，这样学习者可以清晰地看到操作流程，同时还能在不熟悉的位置反复观看，比如如何在 Unity（一种游戏引擎）中进行三维建模就可以使用图 9-12 中的视频。

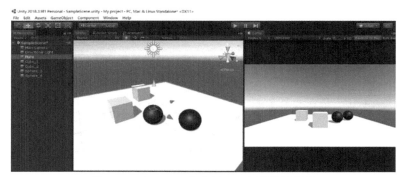

图 9-12　在 Unity 中进行 3D 建模视频截图

（二）制作动画短片

在进入一个新知识的讲解时，老师可以通过视频引起学习者对新知识的兴趣，激发其学习动机，然后再进行新知识的讲解。

（三）戴上 VR 眼镜在虚拟场景下操作汽车

在现实世界中，因为各种原因，很多地方我们无法到达或者很多场景我们无法体验，这时可以使用 VR 技术来模拟真实环境，让学习者去操控，去互动，这样学习者对所教授的知识会有更为深刻的了解。比如在学习汽车驾驶时，我们可以使用 VR 技术，让学习者在教室中体验真实的驾驶场景，如图 9-13 所示。

图 9-13　VR 体验

（四）把视频作为评价

教师让学习者提交微格实验的视频（图 9-14），将其作为评价学习者掌握教学技巧的依据。

图 9-14　师范生微格实验视频截图

三、视频在教学应用中的优缺点

对于视频在教学应用中的优缺点这个讨论话题，大家都有自己不同的见解。

学习者 A：我很喜欢老师在教学中使用一些视频来解读知识点，或者给我们做一些知识拓展，这样的方式非常有趣味。但不得不承认，还是会有一些内容比较枯燥的视频，我感觉花时间看这些视频有点浪费时间。

学习者 B：我想谈一谈视频教学的缺点。第一，视频制作成本较高，一个精美的视频背后需要耗费大量的人力和物力；第二，视频教学并不像老师授课那样灵活，因此可能无法应对一些突发状况，比如学习者的突然提问。

学习者 C：是的，我很赞同 B 的这些观点。有时候视频的信息量可能会比较大，这种情况也许并不能激发学习者的学习兴趣，反而会成为一种学习的阻碍，假如我现在被要求去看一个全英文无中文字幕的纪录片来学习，我觉得自己会很难进入到学习状态中。

通过讨论发现（表 9-1），使得视频满足学习者的个性化差异是最困难的，但也是教学中必须首先考虑的关键问题。

表 9-1　视频在教学应用中的优缺点

优点	缺点
动态展示（motion）	成本（cost）高
无风险观察（risk-free observation）	固定步速（fixed pace）

优点	缺点
戏剧化（dramatization）	人物特写镜头（talking head）
情感学习（affective learning）	认知负荷超载（cognitive overload）
解决问题（problem solving）	教学指令（teaching instruction）
文化理解（cultural understanding）	

（一）视频在教学应用中的优点

1. 动态展示

与视觉材料和听觉材料不同，视频画面更加具有动态感、立体感，能给予学习者更丰富的视听体验。

2. 无风险观察

视频并不是真实情境，只是对各种场景的模拟，能够使得学习者在避开一切风险的基础上达到观察的目的，成功获取经验。

3. 戏剧化

某些视频具有戏剧化的效果，比如戏剧型视频，这类视频呈现了足够的戏剧冲突来吸引学习者，同时表达出鲜明的主题，引人深思。

4. 情感学习

一个好的视频可以引起学习者的情感共鸣。因此，视频对于学习者的情感学习也存在着一定的促进作用。

5. 解决问题

当视频作为教学的工具被使用时，必须明确教学问题，并且确信这个视频所展示的内容是与这一教学问题息息相关的。这样才能够真正实现解决问题的最终目的。

6. 文化理解

视频的多元性加深了全世界各国人民的羁绊，不论语种或人种，视频都感染着每一位观众，让每个人产生不同的情感和想法。利用视频在文化理解上的作用，老师可以在历史、文化等教学中多尝试运用视频作为教学材料辅助进入课堂。

（二）视频在教学应用中的缺点

1. 成本高

视频自身的成本远高于视觉材料和听觉材料，从某种程度上来说，我们可以用这样一个公式来表达视频的成本：一个视频成本=视觉材料费+听觉材料费+合成费（人力、时间等等）。但高昂的成本并不一定意味着具有最佳的教学效果。

2. 固定步速

视频是已被剪辑完成的作品，有着固定的播放顺序、播放速度以及主题。在此前提下，一旦教学前没有进行充分的教学设计，那么视频的固定性就有可能会阻碍教学过程的顺利开展。

3. 人物特写镜头

类似于纪录片或者访谈类视频，可能会有较多的人物特写，但如果在教学中没有合理使用这些视频片段，可能会让学习者感到无聊，失去学习兴趣，百害而无一利。

4. 认知负荷超载

当一些视频的信息量过大时，学习者可能会因为认知负荷超载而产生反效果，导致教学无法有效地开展。

5. 教学指令

并不是所有的视频都以教学为目的而拍摄制作，教学实践中使用的视频极有可能缺乏教学指令，难以实现一个完整的教学流程。

事实上，视频所存在的缺点并非不能克服。只要做好了教学设计，就可以通过技术的方式去预先处理好视频内容，使之完美适配到教学中来。总而言之，要应用好视频，就需要具备视频编辑的基础知识，实现对视频的再次创造，甚至亲自去拍摄，做出属于自己的微课。

微课等于微视频吗？

微课又名微课程，是"以微型教学视频为主要载体，针对某个学科知识点（如重点、难点、疑点、考点等）或教学环节（如学习活动、主题、实验、任务等）而设计开发的一种情景化、支持多种学习方式的新型在线网络视频课程"[1]。

按照教学的目的划分，微视频可以分为教学微视频和非教学微视频。教学微视频是一种单一的教学资源，其资源呈现形式是视频。

微课与微视频的差异[2]就在于微课有完整的教学设计、相应的学习评价和教学支持服务。其核心是微视频。

因此，微课绝对不等于微视频。

---

[1] 胡铁生，黄明燕，李民. 我国微课发展的三个阶段及其启示[J]. 远程教育杂志，2013，31（4）：36-42.
[2] 郭玮. MOOC环境下文史类微课设计对比[J]. 宁波教育学院学报，2014，16（3）：30-33.

四、指导视频应用于教学的理论

对于不同学习者，基于视频的教学会产生不同的效果，同时也存在一些局限性。如何才能合理运用视频，甚至是不同类型的教学媒体呢？由戴尔的经验之塔引申而来的学习金字塔能够为这个问题提供指导。

在戴尔的经验之塔中，抽象的经验处于金字塔的上层，做的经验位于金字塔的底层。根据学习金字塔（图 9-15），如果学习者是靠"听"这一抽象的方式来实现学习的，那么这种学习的效果保持率是 5%；如果利用"声音/图片"完成既"看"又"听"这种不那么抽象化的学习，那么学习效果的保持率是 20%；如果看示范或者演示，在这种多种媒体材料的组合也就是视频的教学下，学习效果的保持率能进一步提升到 30%。但这一学习效果保持率已经是被动学习的极限了。

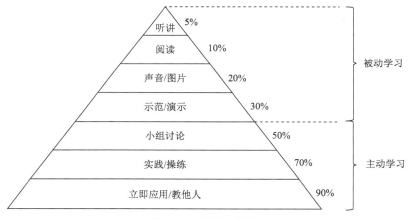

图 9-15　学习金字塔

假使学习者还想继续提高自己的学习保持率，就需要将被动学习转化为主动学习，去参与人际互动、知识实践，如积极参加小组讨论活动、实操练习，或者根据所学知识到现实生活中展开应用。在这一步步的学习过程中，学习者会实现从学习的被动灌输者到主动吸收者的转变，并且会发现自己的学习效果变得越来越好，也会获得更优质的学习体验。

学习金字塔的背后其实是在强调人的重要作用。教育是以人为中心的，人和媒体有灵魂的组合形成了活动，以此去有效地强化学习。同一个视频，不同的教师有不同的运用方式，不同的学习者也有不同的理解。教师不能一味地局限于使用某种单一媒体进行教学，应当根据教学需求使用最为恰当的教学媒体形式，结合更加多形态的教学活动，把"人"的因素纳入到教学环节中。

学习金字塔

学习金字塔被一致认为是美国缅因州的国家训练实验室研究成果，它用数字形式形象地显示了：采用不同的学习方式，学习者在两周以后还能记住内容（平均学习保持率）的多少。它是一种现代学习方式的理论。最早它是由美国学者、著名的学习专家戴尔于1946年首先发现并提出的。

实际上，有关学习金字塔的来源并没有真正被核实出自美国缅因州的国家训练实验室的某项研究，因为没有人能证明看到过这份研究报告，网上也无法搜到相关研究论文，因此学习金字塔的研究很有可能是误传。此外，金字塔上的数字也并非原本就有的，很有可能是后人主观臆想加上去的。这个假说之所以如此令人信服并广为流传，是因为它在某种程度上符合人们的常识。

尽管始终没有完整而严谨的实证研究推出学习金字塔，但这并不会影响到学习金字塔对选择高效学习方法的重要指导作用。因为不同的学习者学习知识的保持率是不一样的，所以平均学习保持率不会是一个定值，金字塔上的数字原本没有是合理的。数字也可理解为宏观角度的概率，对具体的个体而言，可能会有较大变化。[①]

五、基于视频的远程学习分析

基于视频的学习分析在20世纪70年代逐渐进入教育学界。在哈佛大学的考特尼·卡兹登（Courtney Cazden）、加利福尼亚大学洛杉矶分校的弗雷德里克·埃里克森（Fredrick Erickson）、加利福尼亚大学圣迭戈分校的休·米恩（Hugh Mehan）等学者的开拓性探索后，视频拍摄技术的数字化、便携化、低成本化都加强了依据视频的教育研究。

常人方法论（ethnomethodology）可能是对基于视频的学习分析的意义做出的一种解答。这一方法论认为，社会学应该研究常识世界，研究日常生活世界中的实践活动，强调从微观生活的日常行为之间挖掘社会的宏大结构与规则，它进一步肯定了视频之于社会科学研究的巨大价值[②]。

就教育研究[③]而言，视频能让我们"看见"个人的身体、社会的身体，以及身体与物件之间的互动三个重要的维度。所谓个人的身体，是对学习者和教师的诸如眼神、手势等身体动作所反映出的认知活动的关注；社会的身体[④]则强调了

---

① Witt P W F. Audio-visual methods in teaching[J]. Audiovisual Communication Review, 1954, 2(4): 291-298.

② Heritage J. Garfinkel and Ethnomethodology[M]. Cambridge: Polity Press, 1984.

③ 肖思汉，德利马. 基于视频的学习过程分析：为什么？如何做？[J]. 华东师范大学学报(教育科学版)，2017，35(5): 55-71, 160.

④ Liu C. Living Together: The Bodily Life of Preschools in China and The United States[D]. Athens: University of Georgia, 2017.

嵌于社会互动之中的认知和学习；身体与物件之间的互动是指视频中所记录的人与其所处情境中的物件互动的过程。许多基于视频的学习分析都离不开这三个维度。就研究对象而言，三个维度陈述了这样的事实：基于视频，我们既要关注视频中的个人，也要关注整个学习群体，还不能忽视人与学习环境之间所存在的联系；要了解学习者的动作、语言、神态，更要去挖掘在这种环境下学习者与同伴、学习材料等的互动方式。

在远程学习环境下，学习者可以利用网络学习平台开展基于视频的学习。在这种情况下，教师如何判断远程学习者的学习情况呢？学习者的作业、讨论区发言以及测试成绩等都是了解远程学习中学习者学习情况的分析依据，而基于视频的学习分析更加直观地描述了学习者在远程学习中的具体行为，因此更应当引起关注。

例1   通过视频观看轨迹分析远程学习者的学习行为

图 9-16 的坐标系中，横轴表示学习者学习视频的观看时间，纵轴表示视频自身的时间，这条十分陡峭的学习曲线描述的就是该学习者在视频学习中的一系列行为。具体地，视频观看轨迹曲线可以帮助教师详细了解到每一位学习者观看视频的情况，如暂停行为、快进行为、后退行为等。

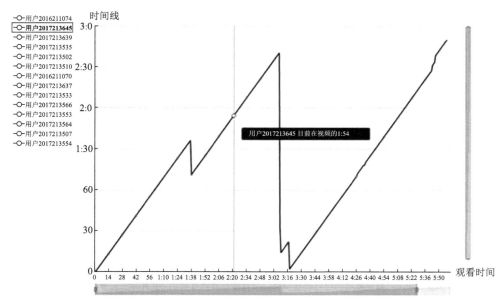

图 9-16   远程学习者视频观看轨迹曲线截图

　　基于此，老师可以对图 9-16 中呈现的某位学习者的学习情况做出这样的描述：在整个学习过程中，该学习者出现了 3 次后退行为，分别回看了不同时间点的视频内容，其中第二次后退的时间跨度最大，几乎是重新观看了一次学习视频。由此得出结论：该学习者在本节视频知识的学习上可能存在一定的困难，但其回看视频的行为也不排除受网速的影响。

　　我们可以再来看看另外一位学习者的视频学习行为（图 9-17）。和第一位学习者不同的是，该学习者没有进行过后退行为，但是有过暂停行为以及快进行为。在整个视频学习时间里，学习者的暂停行为几乎占据了全部时间的三分之二，在漫长的暂停行为之后，紧接着对视频进行了快进的操作。因此，我们可以得到以下可能的结论：从学习者的学习态度来说，该学习者在本节视频的学习中并不是非常专注；从知识点难度来说，这一节知识内容可能对学习者而言较为简单，缺乏挑战性；从视频质量来说，本节视频内容可能缺乏吸引力，无法产生学习黏性。

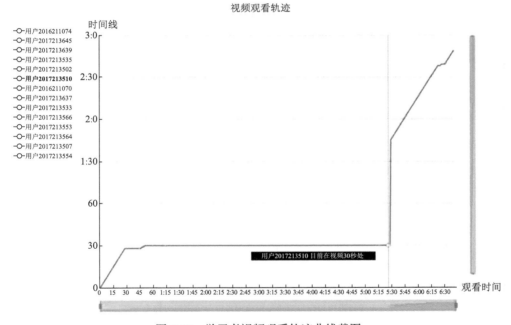

图 9-17　学习者视频观看轨迹曲线截图

　　当视频观看轨迹曲线数量足够多时，教师通过对学习者整体观看情况的分析就可以总结出学习者行为的共同点，从而发现视频重难点，推断出学习者成绩不理想的原因。同时，还可以帮助改善教学视频，提高视频质量。

练　一　练

　　前面的内容展示了几个教育视频应用于课堂的例子，请大家在网络收集资料的基础上，再举出 1～2 个视频应用于教学的实例。

视频应用于教学的实例

第四部分

展　望　篇

第十章　技术演变下的学习创新

学习目标

1）掌握 Web2.0 时代的新特点。

2）了解 Web2.0 时代新兴的社交媒体（social media）。

3）理解社交媒体资源是如何帮助学习的，并知道新技术、新媒体是如何整合到课程中的。

4）学会分析表格信息，从表格信息中得出结论。

5）了解 Web$X$.0 的变化趋势。

本章结构图

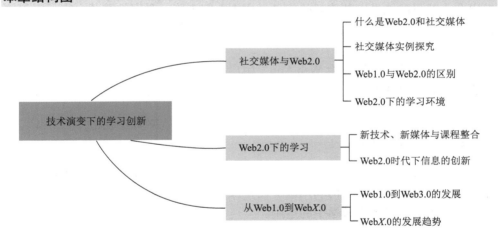

第一节　社交媒体与 Web2.0

一、什么是 Web2.0 和社交媒体

随着科技的快速发展，21 世纪的学校也正在发生改变，不再拘泥于传统的校内资源，而是建构起新的学习环境，网络的发展给这种新的学习环境提供了可能。网络学习是指利用计算机技术和通信技术来进行学习，将互联网和社交媒体动态整合到学习中去，网络学习正在改变着学习者的学习方式和他们所处的学习环境。

你知道什么是 Web2.0 吗？在了解 Web2.0 之前，我们先来简单认识一下什么

是 Web1.0。Web1.0 是第一代互联网，在网络时代下，学习不再单调乏味，Web1.0
让学习更加数字化，通过互联网来解决问题，搜集知识进行自主学习，这种学习
方式是一种面向 Web 的学习[①]。

随着信息通信技术的发展，单一的静态信息已经不能满足人们的生活和学习
需要，Web2.0 时代应运而生。关于 Web2.0，学术界专家对其定义不一，但整体
来说，Web2.0 是互联网的一次理念和思想体系的升级换代，由原来自上而下的少
数资源控制者集中控制主导的互联网体系，转变为自下而上的由广大用户集体智
慧和力量主导的互联网体系[②]。Web2.0 是在 Web1.0 基础上发展而来的新时代，有
着不同于 Web1.0 的一些新特点。后续会详细介绍它们的一些区别。

想一想，你经常使用的软件有哪些呢？

我们常使用的软件大多属于社交媒体，在 Web2.0 时代下，又产生了一些新
的社交媒体。社交媒体指互联网上基于用户关系的内容生产与交换平台。社交媒
体是人们彼此之间用来分享意见、见解、经验和观点的工具和平台，现阶段主要
有微博、微信、博客、论坛、播客等。社交媒体在互联网的沃土上蓬勃发展，爆
发出令人炫目的能量，其传播的信息已成为人们浏览互联网的重要内容，不仅制
造了人们社交生活中争相讨论的一个又一个热门话题，更吸引着传统媒体争相
跟进。

Web 应用程序，又称为 Web App，用户只用浏览器即可访问，它可通过网络
完成一个或多个任务，常见的 Web 应用程序有 Web 电子邮件、维基百科、Office
办公软件，如幻灯片和表格等。

二、社交媒体实例探究

我们周围存在着大量的社交媒体，像博客、微信、百度百科等，每种社交媒
体都有它存在的意义。如何利用这些社交媒体来促进学习？下面通过几个典型的
实例来深入了解媒体在教学中的运用。

（一）博客

博客是指可在博客（Blog 或 Weblog）的虚拟空间中发布文章等各种内容的
媒体。博客是继电子邮件、网络论坛（BBS）、即时通信软件（ICQ）之后出现的
第四种网络交流方式，博客是 Web 日志的缩写，最初的设计是针对一个特定主体
的按字母顺序排序的评论，每个人都可以在博客上发表自己的评论或见解，发表

① 孙立会. 互联网的过去(Web1.0)、现在(Web2.0)、未来(Web3.0)对改善学习方式的影响[J]. 现代教育技术，2009，19(S1)：7-8，63.
② 王卫军，徐建利. Web2.0 教育应用国际研究前沿综述[J]. 电化教育研究，2015，36(3)：41-51，100.

主题的人称为博主，发表的主题既可以是自己对国家大事、新闻热点的看法，也可以是自己的一日三餐、旅游感受，主题不限，其他人则可对该主题发表自己的看法，即评论，评论按日期排序。

博客曾经盛极一时，直到现在依然被人们所用。经过改编的博客，可用作班级网站，每周发给家长新闻简报，进行日常作业交流，写日志等等，博客可以包含文本、图像、多媒体和网站的链接，他们允许学习者与学习者、教师、周围环境共享信息，博客还可以使世界各地的人们共同对话，这些人对同一主题或问题有共同的兴趣。

一个博客就是一个网页，它的结构是这样的：最近发布的帖子排在第一个，可以方便用户访问最新的评论。任何用户都可以轻松地浏览这些评论，包括之前发布的评论。

某个领域的科学家、专家经常写博客，方便学习者了解领域内最新的信息。虽然这种信息是最新的，但是不一定是正确的，毕竟其所写的信息一般是个人的主观见解，因此，教会学习者识别信息的准确性也十分重要。博客是一种很好的写作方式，教师可以利用博客引导学习者进行良好的写作。

有学者研究博客在英语教学中的应用[①]：在作为一个教学平台时，博客改变了传统单一的英语教学方法。教师提前把准备好的教学日志发布在博客上，并以一定的话题为核心，进行英语教学的内容分析和结构分析，向学习者布置一定的英语学习任务，给予学习者适当的辅助。当学习者完成一定的任务之后，教师还可以借助博客这个平台，对学习者的英语学习完成情况加以评价。另外，教师还可以利用博客建构自己的英语教学资料库，并将自己的英语教学资料库划分为不同的种类，以更好地适应英语教学的需要。如英文经典名著、英语听说技能训练、英语文化背景等，学习者可以在教师的明确分类条件下，根据自己的学习需要，选择相对应的博客英语资料库，并在访问之后与教师交流自己的学习体会，提出自己内心的疑问和困惑，从而达到良好的英语学习互动效果。学习者还可以建构自己的英语学习博客，可以以时间为轴，对自己的英语学习过程加以全程记录，并随时查看自己的博客，了解并思考自己在学习中存在的不足。教师可采用多元化的评价方法，如学习文件夹的评价方法、生生评价、自我评价等，得出合理的英语学习评价结果。

这则实例体现了博客促进学习者与学习者、学习者与教师、学习者与资源之间的良性互动。博客作为一个快捷的语言交流平台，不仅营造了一种学习的良好氛围，而且增加了师生之间的交流互动。

老师作为教育工作者，不仅可以利用博客进行这样的教学，还可以创建自己

① 潘琼. 博客在高校英语教学中的应用[J]. 高教探索，2017，(S1)：62-63.

的博客，邀请相关领域的其他专业人士在自己创建的博客中探索感兴趣的主题，以产生新的想法。

（二）微信

微信是腾讯公司于 2011 年推出的一个为智能终端提供即时通信服务的免费应用程序，微信提供了公众平台、朋友圈、消息推送等功能。用户可以通过"摇一摇"、"搜索号码"、"附近的人"、扫二维码等方式添加好友和关注公众平台，同时用户可以通过微信将内容分享给好友，以及将看到的精彩内容分享到微信朋友圈。

微信作为中国用户最受欢迎的社交工具之一，其发展速度令人震惊，截止到 2022 年 12 月，微信等即时通信用户达到了 10.38 亿人，占网民整体的 97.2%[①]。微信因其通信功能、社交功能和平台化，风靡于不同年龄阶段的人群中。微信的使用是如此的广泛，是否可以用它来促进学习呢？当然可以，在教育领域上，微信也发挥了不可小觑的作用。众多专家的研究表明，微信的使用对学习有一定的促进作用。史子娟等通过分组实验对比分析发现，利用微信群能有助于大学生的英语学习[②]。微信群能帮助学习者产生新想法并使其互相帮助，学习者认为通过微信群中的生生交互、师生交互、信息分享等能增进英语写作水平并提高归属感[③]。

以王萍对微信的研究作为实例，下面来看一下微信是如何促进学习的[④]。

基于微信的移动学习的功能，我们可以从文本交互、微信群、订阅推送、自动回复响应、内容分享五个角度进行探讨。

1）文本交互是社交工具中常用的一种交互方式，十分简便，可让人随时随地通过网络表达自己的想法，体现不同群体、不同个体之间的互动。语音互动更亲切自然，有助于促进人与人之间的交流，拉近彼此之间的距离。

2）微信群是针对手机的社区属性与用户操作习惯的一种讨论组类型。微信群的建立十分方便，易于操作。在微信群中可以进行文字、语音的交互，视频的共享，网站的共享，也可以针对一个主题进行讨论、集思广益。学习者与教师之间的微信群可营造类似课堂的交流氛围，促进学习者的学习。教师与家长之间的微信群可增进家校沟通，方便家长、教师双方进一步掌握学习者的学习动态。教师

---

① 中国互联网络信息中心. 第 51 次《中国互联网络发展状况统计报告》[R]. 北京: 中国互联网络信息中心, 2023.

② Shi Z J, Luo G F, He L. Mobile-assisted language learning using WeChat instant messaging[J]. International Journal of Emerging Technologies in Learning (IJET), 2017, 12 (2): 16.

③ Yan L P. A study on WeChat-based collaborative learning in college english writing[J]. English Language Teaching, 2019, 12: 1-9.

④ 王萍. 微信移动学习的支持功能与设计原则分析[J]. 远程教育杂志，2013, 31 (6): 34-41.

与其他教学人员之间的微信群也可以促进学术交流，提升教师的知识储备量。

3）订阅是指学习者主动关注某一公众平台并订阅微信号发布的信息，属于主动学习。推送则是指平台向关注自己的用户发布消息，用户默认接受这个消息。推送信息的发布一般十分及时，且有一定的数量，在发布前经过严格的筛选以保证质量。在移动学习中，订阅推送模式可被用于课程教学中课程信息和学习内容的发布，以支持学习者进行泛在环境下的自主学习，满足学习者学习的个性化需求。

4）微信的自动回复响应是一种及时响应设计，并非所有的消息都适合订阅推送，自动回复响应支持关键词搜索，用户可以从搜索框中搜索自己想要的内容。在移动学习中，学习者可以利用这个功能进行导航设置，对内容知识进行分类，以便学习者能快速找到自己想要的东西。

5）微信作为开放平台，允许内容分享。它与第三方链接，使得用户可以将信息资源通过微信分享给亲朋好友或朋友圈，是一种有效的分享学习资源的方式。

（三）百度百科

百度百科是一部内容开放、自由的网络百科全书，旨在创造一个涵盖所有领域知识，服务所有互联网用户的中文知识性百科全书。百度百科强调用户的参与和奉献精神，充分调动互联网用户的力量，汇聚上亿用户的头脑智慧，积极进行交流和分享。同时，百度百科实现与百度搜索、百度知道的结合，在不同的层次上满足用户对信息的需求。

在教育领域，支持多人协同写作、网页编辑与发布的维基技术被国内外很多学者认为是支持协作学习与协作知识建构的有效工具[1]。老师和学习者可以一起完成一篇论文或一个项目，当他们在论文中写下自己的想法和疑问的时候，可以收到及时的反馈，促进协作。维基系统是支持面向社群的协作式写作的一种超文本系统[2]，只要通过 Web 就可以对维基系统内的页面进行浏览、创建、修改和删除等操作。合作写作的过程是一个很好的学习过程，参考其他写作者的经验，能够得到很多不同角度的思考方法，学习者可以从中得到启发。维基系统除了可以支持一般纯文字的合作写作，还可以添加图片、声音和动画等多媒体信息，甚至还可以支持数学公式和特殊符号的写作[3]。

---

① Moskaliuk J, Kimmerle J, Cress U. Wiki-supported learning and knowledge building: effects of incongruity between knowledge and information[J]. Journal of Computer Assisted Learning, 2009, 25（6）: 549-561.

② Clyde L A. Wikis[J]. Teacher Librarian, 2005, 32（4）: 54-56.

③ 黄灿霖，张立明. Wiki 环境下学生参与合作学习与数学学习成效的相关研究[J]. 远程教育杂志，2010，28（6）: 70-75.

三、Web1.0 与 Web2.0 的区别

　　前面了解了 Web2.0 是在 Web1.0 的基础上发展而来的，那么你知道 Web2.0 相较于 Web1.0 具体发生了哪些变化吗？下面从五个维度（出发点、知识角度、内容产生角度、交互性与技术）来详细介绍，如表 10-1 所示。

表 10-1　Web1.0 与 Web2.0 的区别

性质	Web1.0	Web2.0
出发点	以资料为出发点的互联网	以人为出发点的互联网
知识角度	通过商业的力量，将网上没有的知识，放到网上去	用户既可以浏览知识、创造知识，也可以和其他用户协同工作。通过每个用户浏览求知的力量，协同工作，把知识有机地组织起来。在协同工作过程中继续将知识深化，并产生新的思想火花
内容产生角度	以商业公司为主体，将内容放置于网络上	以用户为主体，以简便随意的方式，通过博客/播客方式将自己的观点（把新内容）上传至网络上
交互性	网站以用户为主	通过网络增强了人与人的交互
技术	不因用户数量而提高效率	Web 客户端化，如异步 JavaScript 和 XML

　　从出发点来看，Web1.0 的出发点是资料，是把人类之前难以找到的或者不知道的知识放在网上供用户阅读、参考。Web2.0 以人为出发点，打破单一的浏览方式，人们不仅可以阅读，还可以编辑，人与人之间还可以进行互动。从知识角度来看，Web1.0 是将以前没有的知识通过商业的力量放到网上去；Web2.0 是用户发布知识，用户既是知识的浏览者又是知识的创造者，其他用户之间也可以进行协同工作，把知识组织起来，进行深化。从内容产生角度来看，Web1.0 只是将内容放置在网上，而 Web2.0 的方式比较简便随意，用户可以把自己的观点充分地展示出来。从交互性角度来看，Web1.0 仅仅是用户自己与网站进行交互的；Web2.0 则大大增强了人与人之间的交互，不仅使用户可以在发布内容的过程中实现与网络服务器之间交互，也实现了同一网站不同用户之间的交互，以及不同网站之间信息的交互。从技术上来看，Web1.0 采用的技术不因用户而提高效率，而随着发展，Web2.0 中的 Web 客户端化，工作效率越来越高，如 Ajax 技术等。

　　播客：又被称作"有声博客"，是移动语言学习的技术之一。它结合了 MP3 和广播的优点，是一种在互联网上分发数字视频和音频内容的新兴数字广播技术。该技术允许个人在网上创建与发布信息，并通过网络与他人分享[①]。

---

　　① 李艳平. 利用播客技术构建大学英语听力教学新模式———一项基于移动语言学习理论的实证研究[J]. 现代教育技术，2012，22（5）：68-72.

　　了解了 Web1.0 与 Web2.0 的一些区别后，你知道它们之间的本质区别是什么吗？通过图 10-1 和图 10-2，思考一下它们有哪些不同，是什么原因造成了这种现象？它们的教学方式发生了怎样的变化？

图 10-1　武汉市某小学课堂 1

图 10-2　武汉市某小学课堂 2

　　图 10-1 是武汉市某小学课堂，可以看到整个教室几乎被学生占满了，老师只是占据前方讲台的一小块区域，教室很大，而投影屏幕却很小。当老师讲课时，后排的学生可能难以听清老师所讲的内容，也看不清投影屏幕上所展现的知识，对于想要学习的学生来说则是心有余而力不足。这体现的是传统的课堂中以教师为主体的教学方式。

　　图 10-2 也是武汉市某小学课堂，课堂中的学生人手一台平板电脑，每个小组共享两个智能教学机器人。对于某些知识，教师可以不投影到大屏幕上，直接通

过网络传输到学生的笔记本上；某些任务，例如投票、问题讨论，也可以通过笔记本中的某些平台、软件进行互动，充分体现了以学生为主体、以教师为主导的教学方式。

上述两类课堂的区别类似于 Web1.0 与 Web2.0，媒体技术改变了学习的方式，同时也大大增强了课堂本身的交互性。人通过媒体与人进行交互，人和人之间的距离因 Web2.0 拉近了。

四、Web2.0 下的学习环境

第三章我们提到了不同的教学策略与学习情境。面对不同的策略与不同的情境，我们要充分利用 Web2.0 时代下的技术、媒体与材料，把新技术、新媒体整合到学习中来，使学习更加高效。

图 10-3 呈现的是六种媒体资源。针对同一知识，不同的媒体可以有不同的呈现方式。每种媒体都有自己的优缺点，我们可以结合知识的特点运用合适的媒体来促进知识本身的进一步理解。如在学习植物的光合作用时，你还是仅仅通过看课本来理解这一知识吗？为了使学习者更加好地理解这一知识，并且记得更加牢固，教师可以运用这六种不同的媒体来呈现。

图 10-3　六种媒体资源

文本、声音等是常见的媒体资源，殊不知人也是一种媒体资源，Web2.0 时代与 Web1.0 时代对于人的理解是不一样的。在 Web1.0 时代，人只能与已开发好的资源进行交互，而在 Web2.0 时代，人可以通过与虚拟资源交互实现人与人交互，大大缩短了人与人之间的距离（图 10-4）。并且 Web2.0 下的交流是去中心化的，也就是每个人都可能成为小组交流的中心点。

图 10-4　远程学习

通过图 10-5 可以发现，在传统的教室中，技术整合程度低，以学习者为中心的程度低。随着技术在教室的整合程度越来越高，以学习者为中心的程度也越来越高，学习者与学习者、学习者与教师之间的交互程度更加凸显。使用新媒体与新技术，改变了学习者的学习体验，通过大家的共同合作，进入了一个交互式的学习环境。

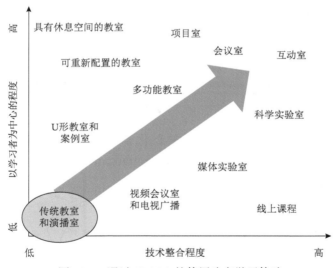

图 10-5　通过 Web2.0 的使用改变学习体验

在 Web2.0 的时代下，学习者还可以借用 VR 头显在虚拟环境中学习（图 10-6），当他们戴着 VR 头显转动的时候视野内会出现虚拟的课堂环境，不同的是，大家会发现自己的学习同伴也是虚拟的，这就是学习正在发生的变化。

传统的网络从 Web1.0 到 Web2.0（图 10-7）发生的一个重要的变化，我们可以用两个单词来表示——user participation，即用户参与。比如，在博客或者一些网页上，很多内容都是可以由用户自己进行编辑的，每个人都可以参与。

图 10-6 借用 VR 头显进行学习

1 Web2.0和社交媒体

Web2.0

生态：大多为读写互动的网络世界
目标受众：全球上亿网络用户
诉求对象：寻求认同促发行动的社群团体
网络媒体：博客、维基百科 (Wikipedia)
内容型态：分享型态的内容
互动应用：网络应用程序 (Web App)
信息结构/分类逻辑：分众分类 (folksonomy)，依标签 (tagging)、关键词分类

图 10-7 Web2.0

Web2.0 的一个显著特征是去中心化。从 Web1.0 的以内容为中心（centralization）到 Web2.0 的去中心化（decentralization）如图 10-8 所示。

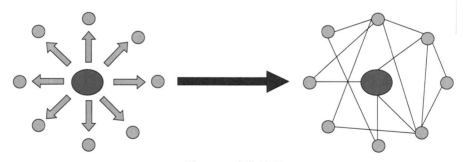

图 10-8 变化过程

Web2.0 是将中心从内容向用户转移的互联网，互联网的主语是"人"，网上的内容不再由少数"编辑"来提供，而是由用户贡献和行为积累形成海量资源。在这里"人"被提到了很高的高度，每个人作为一个平等的主体而存在，他在接受信息

的同时也在创造着信息，传播主体的不确定性和消散，使得博客、维基百科等诸类Web2.0应用出现了去中心化的特征[①]。在Web2.0时代，学习者的学习也更加主动，学习者是知识的创造者和生产者，这打破了单一的由教师传授知识的现象。

第二节　Web2.0下的学习

一、新技术、新媒体与课程整合

上一节学习了Web1.0与Web2.0，了解了它们的特点和本质，以及如何通过Web2.0 时代下的新媒体和新工具来进一步促进学习。这一节我们将进一步走进Web2.0时代，深入了解利用这些社交媒体将如何改变学习方式。

学习者可以动手设计，体验新技术、新媒体是如何整合到课程里面的。Web2.0的核心是用户能够生成内容，用户可以通过工具、分享、协作、定标签、投票、网络等形式生成内容（图 10-9），这让学习者的参与成为可能。除此之外，通过这几种形式，充分展现学习者的集体智慧，也是Web2.0学习的一个新特点。

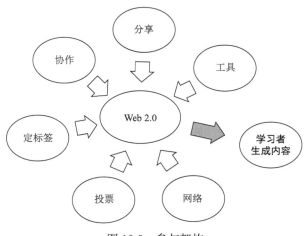

图 10-9　参与架构

教育者的角色是为使用这些资源的学习者找到优化学习的最佳方法。下面通过两个生活小问题来看一下如何使用这种新技术新媒体来高效地解决问题。

问题一：假如你是班里的体育委员，你会如何组织运动会的报名？

传统方法：首先由班里的体育委员下达班级通知，鼓励学习者积极参与报名。报名时往往是个人口头报给体育委员或者通过书面形式告知体育委员，这时候体

---

① 梁斌. 基于web2.0的学习[J]. 中国远程教育，2008，（2）：39-42，79.

育委员再进行统计，如果有重合的项目，便会通知此项目的同学另选其他项目或者就此放弃运动会的报名。若班级中报名人数过多，便会加重体育委员的工作量。这是班级中常见的一种报名统计方法。

新方法：首先由班里的体育委员下达班级通知，鼓励学习者积极参与报名。这时体育委员要用 Web2.0 技术来解决问题，如体育委员使用石墨文档制作出原始的报名表，在报名表中写清各个项目的类别以及需求的人数，然后再将其发布到班级群中，让每个同学都可以在线编辑。如此一来，当某个项目报名已满时，大家都能立即知道，不至于重复报名，体育委员只需要到规定的时间宣布报名截止即可。

如果是你，你会采取哪种方法呢？

问题二：结合上个任务，如果你是班里的组织委员，你会如何组织春游，使之更加顺利地进行呢？

传统方法：首先分析春游要做些什么，主要有确定地点，规划路线，准备食物、用品，确定活动项目等。通常的春游都是几个班干部共同商议来决定大小事务，其他同学听从他们的安排，负责游玩就好了，体会不到组织者的辛劳，他们的游玩体验也不一定好。

新方法：你可能也会想到要用在线文档来解决这个问题，但具体怎么做呢？你可以使用在线文档将春游分成以下几步来组织。

（一）地点选择

春游地点的确定至关重要，这决定着整个出行的体验。可以让同学们集思广益，推荐适合出行游玩的地点，如图 10-10 所示。这些地点都是由不同学习者所填。在后方也可增加推荐的理由，供其他同学参考。

图 10-10　在线文档截图——春游地点推荐

（二）确定地点

这么多的地点，选哪一个比较好呢？我们可以使用投票工具来选择，投票工具多种多样，有投票器、问卷星等。若使用 QQ 群中自带的群投票功能，则如图 10-11 所示。

图 10-11　投票选出春游地点

（三）准备携带物品

春游自然少不了带各种各样的东西，单凭一己之力很容易遗漏，我们可以先把物品的类别想清楚，比如药品类、零食类，如果有烧烤活动，还可以准备烧烤架等等，然后以表格形式继续让同学们进行填写补充，见图 10-12，物品由谁携带也是一个问题，可以让每个人在想携带的物品后方填写上自己的名字（图 10-13）。

图 10-12　在线文档截图——想要携带的物品

图 10-13　在线文档截图——携带物品分工

　　如此一来，班干部不用再耗费大量的人力物力去组织这次春游，而是让每个同学都能参与进来，一起进行规划，这不仅增加了活动的意义，也提升了大家的组织能力。这便是 Web2.0 时代下在线表格的力量。除此之外，Web2.0 时代下还有许多的新媒体、新技术，存在于生活的方方面面，你能列举几个类似的例子吗？

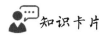知识卡片

　　石墨文档：是中国一款支持云端实时协作的企业办公服务软件，功能类似于 Google Docs、Quip，可以实现多人同时在同一文档及表格上进行编辑和实时讨论，同步响应速度达到毫秒级。[①]石墨文档可编辑文档、表格、幻灯片等。石墨文档编辑历史自动保存，可随时追溯查看，可一键还原任一历史版本，兼容性也比较高。

二、Web2.0 时代下信息的创新

　　从第二章可知，根据布鲁姆的教学目标分类法，我们可以把目标分为识记、理解、应用、分析、评价、创造[②]（图 2-7）。这种教学目标分类法为制定各项目标提供了理论和操作依据。这些目标从简单到复杂，从具体到抽象，呈现螺旋上

---

①　石墨文档[DB/OL]. http://m.52uid.com/detail/8830.html[2023-07-25].

②　Anderson L W, Krathwohl D R, Airasian P W, et al. A taxonomy for learning, teaching, and assessing: a revision of Bloom's taxonomy of educational objectives[M]. New York: Longman, 2001.

升的过程。

识记：那些注重记忆的行为和测验背景，这种识记是通过对观念、材料和现象的再认识或者回忆获得的。

理解：理解交流内容中所包含的各种目标、行为或反应。领会的层次可能是肤浅的，也就是要让学习者理解所学内容、能够说出来、写出来。

应用：在没有说明问题解决模式的情况下，学习者会正确地把概念、规律或原理运用于适当的情景。这里所说的应用是初步的应用，而不是全面的综合、分析和评价。

分析：将交流分解成各种要素或组成部分，以便弄清各种观念的有关层次，或者弄清所表达的有关观念的各种关系。

评价：为了特定目的对材料和价值做出判断。这个层次的要求不是凭借直观的感受或观察的现象作出评判，而是理性地深刻地对事物本质的价值作出有说服力的判断，它综合内在与外在的资料、信息，作出符合客观事实的推断。

创造：把各种要素和组成部分组合成一个整体，它是对各种片段、要素和组成部分进行加工的过程，也是把各种片段、要素和组成部分进行排列和组合从而构成一种新的模式或结构的过程。它以分析为基础，全面分解各种要素，是较高层次的要求。

小组动手设计，从表格格式的信息中得出结论。假设要统计某教学楼每个时间段进出的男女生人数，我们应该如何统计呢？根据表 10-2 的设计，统计完成后能推理得出什么结论呢？思考一下吧！并根据 2001 年修订的布鲁姆的教学目标分类法填写表 10-3。

表 10-2　某教学楼每个时间段进出的男女生人数

时间段	进入男生数	进入女生数	出去男生数	出去女生数

表 10-3　具体的教学目标

知识维度	识记	理解	应用	分析	评价	创造
事实知识						
概念知识						
程序知识						
元认知知识						

　　这其实很简单，表格的填写可以通过学习者在过门禁的时候刷卡的记录来获得。通过表格中呈现的信息，我们可以得出许多结论。那么根据学习目标的高低，分析一下到底可以得出哪些结论。

　　1）可以计算某个时间段内这所教学楼的滞留人数，通过进出人数的加减运算即可得出。这算是对所呈现信息的一个应用。

　　2）可以推算出迟到的人数。我们可以通过学校教务处的排课时间表，结合这个时间段进入教学楼的人数，粗略地估算出迟到的人数。

　　3）估算学校内的男女生人数比。我们可以根据每天进入这所教学楼的男女生人数，粗略地算出这所学校的男女生人数之比。

　　4）推算同学之间关系与大学生的心理状态。针对刷卡的时间差，如果两个人刷卡的时间差是几秒或者几毫秒，在这两个人是同性的情况下，则他们可能是好友、舍友或铁哥们，在这两个人是异性的情况下，则这两个人可能是情侣；如果某学生的刷卡时间与其他学生的刷卡时间交集不大，则这个学生可能喜欢独来独往。我们可进一步探究这位学生的心理状态，再结合其他方面的数据，进一步确定该学生的心理状态，甚至还可以联合心理部门对大学生的心理进行探究，从而制定出促进大学生心理健康的措施。

　　5）随着目标层次的逐渐递增，还可以对表格中的信息进行创造。根据教务处的排课情况，以及这所教学楼的共有的座位数，我们可以推算出剩余座位有多少、可供自习的座位有多少，甚至可以推算出某个时间段内教学楼的拥堵指数，将其发布在学校的微信平台和教学楼前面的电子显示屏上，如图 10-14 所示：八点二十分，本教学楼可供自习座位数 50 人，拥堵指数达××。

图 10-14　信息显示

　　以上得出的结论并不十分精确，只是代表一种结论推导的方法。从以上的结论可以看出，表格中潜藏着丰富的信息，而这些信息是由推论得来的，推论从低阶目标到高阶目标，最终达到创造的层次。此外，我们还可以把某些表格中的信息转换成柱形图、折线图，进行趋势分析，得出结论，提出建议。这就是利用表格信息进行的创新。

第三节 从 Web1.0 到 WebX.0

一、Web1.0 到 Web3.0 的发展

随着技术的不断发展，Web2.0 的一些缺点也被暴露出来，如没有体现出网民的劳动价值，缺乏商业价值，信息过量、重复、浪费，资源不可重用等，于是我们在 Web2.0 的基础上不断进行创新，由此迎来了 Web3.0 时代。

Web3.0 不仅仅是技术上的创新，更是思想上的革新。红门资讯数据服务有限公司把 Web3.0 的定义概括为以下三个方面：一是网站内的信息可以和其他网站相关信息进行交互，能通过第三方信息平台同时对多家网站的信息进行整合使用；二是用户在互联网上拥有自己的数据，并能在不同的网站上使用[1]；三是 Web3.0 是以服务为内容的第三代互联网系统，包含了 Web1.0 和 Web2.0 的所有特点，Web3.0 时代是一种人机和谐对话的智能网络时代，其本质是深度参与、生命体验以及体现网民参与的价值[2]。

前面比较了 Web1.0 与 Web2.0，现在通过比较 Web1.0 与 Web3.0 来进一步认识 Web3.0，见表 10-4。

表 10-4 Web1.0 与 Web3.0 的区别

项目	Web1.0	Web3.0
生态	大多为只读内容的网络世界	可携式的个人网络世界
目标受众	全球百万网络用户	个人
诉求对象	寻求数字化的公司企业	个人
网络媒体	个人首页、静态网页与入口网站	语义化（semantic）的网络
内容形态	私有形态的内容	串联统合的动态内容
互动应用	网络窗体	小组件（widget）与可随需拖拉的混搭（drag and drop mashups）物件
信息结构	分类法（taxonomy）	使用者行为（behaviour）

从表 10-4 中可以看出，Web3.0 时代是一个语义化的时代，它最大的价值不是提供信息，而是能够深度挖掘信息，提供基于语义的检索与匹配，使用户的检

---

① 陶春明，黄照翠. Web3.0 及其对数字化学习资源的应用展望[J]. 安徽师范大学学报（自然科学版），2008，31（3）：219-222.

② 刘畅. 网人合一·类像世界·体验经济——从 Web1.0 到 Web3.0 的启示[J]. 云南社会科学，2008，（2）：81-86.

索更加个性化、精准化和智能化，满足用户的需求[①]。它会根据我们的生活习惯以及一些行为快速地帮我们找到想要的信息，例如，在某一电商平台搜索想要的商品时，它会通过该平台获取到相关信息，从而根据用户偏好提供个性化服务，如果你搜索过某一件衣服，它就会在你下次打开这个平台的时候推荐同款风格的衣服。同样，新浪新闻也会显示你感兴趣的新闻，你不感兴趣的则不会显示。由此可以看出，Web3.0 不仅以语义为特征，还以网络化和个性化为特征。

　　体现 Web3.0 语义化特征的另一个典型例子是词云。词云，又称文字云，是基于文本的可视化表示，通过字体大小或颜色来呈现词云中单词的重要性或频率，只要一眼扫过文本，就能领略文本的主旨。词云可用来传达概念、关键词汇、重要文件和头脑风暴的想法，图 10-15 是根据某学校学习者所交作业的关键词进行分析所产生的词云。另外，我们还可以通过词云得知词频、词性（图 10-16），比如新闻部门通过对民生问题的文章进行词云分析，可以得出某年度最受关注、最热的话题。当词云用在学习上时，具有更多的功能，如学习者可以使用 Wordle 软件来练习词汇或者理清单词之间的关系，还可以创建属于他们自己的文字来表达想法。

图 10-15　词云图

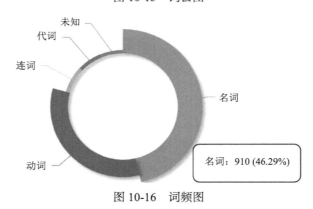

图 10-16　词频图

---

① 熊回香，陈姗，许颖颖. 基于 Web3.0 的个性化信息聚合技术研究[J]. 情报理论与实践，2011，34（8）：95-99.

二、Web*X*.0 的发展趋势

从 Web1.0 发展到 Web3.0，我们可能会想，有没有 Web4.0 呢？接下来，简单了解一下什么是 Web4.0。

Web4.0 是在 Web3.0 的基础上发展而来的。戈丁（Godin）认为，只有满足无处不在、身份识别和即时连接性三个方面特性的 Web 网络才能称为 Web4.0[①]。如此看来，Web4.0 可以使生活更加便利。富勒（Fowler）和罗德（Rodd）等学者认为，Web4.0 是由 Web3.0 发展而来的，具有可携式的个人网络世界（读写互动及同时执行）、超智能电子代理、物联网、智能网络及智能连接网络等一系列特征[②]。

以麻省理工学院（Massachusetts Institute of Technology）的学习者开发的一个可穿戴的装备为例，看一下 Web4.0 时代有多么强大。生活中，我们可以通过可穿戴设备来操控数字世界的物体，与数位世界进行互动。最初的可穿戴设备，需要将设备穿戴在身上后，使用鼠标中的滚轴来与数位世界进行互动。经过他的进一步研究，穿戴者可以利用一支笔画出立体的图，以此来帮助建筑师和设计师作图。另外，他在手上戴上感应设备，以任意一面墙壁作为屏幕，便可以如智能手机般进行触屏、感应，不仅能使用一根手指进行作图，还能使用两根手指放大缩小画面，看到墙壁上面的颜色区分。他身上穿戴的科技制品多种多样，不仅能用手直接拍照，还能在手上拨打电话；不仅能在报纸上对新闻进行点击观看视频，还能把纸上的信息直接用手滑到电脑上，所有的这些功能的实现都依赖于他身上的可穿戴设备。

还有一种可穿戴设备是谷歌眼镜（Google Project Glass），该设备由一块右眼侧上方的微缩显示屏、一个右眼外侧平行放置的 720P 画质摄像头、一个位于太阳穴上方的触摸板以及喇叭、麦克风、陀螺仪传感器和可以支撑 6h 电力的内置电池构成，结合了声控、导航、照相与视频聊天等功能[③]。

Web4.0 是 Web*X*.0 的一个趋势，它的特征是智能化。图 10-17 展示了 Web 时代的发展趋势，可以看出，Web1.0 时代是人与网站上的信息互动的时代；Web2.0 时代是通过可读可写的互联网实现人与人之间互动的时代；Web3.0 时代是利用语义化的网络实现知识与知识之间的连接、多家网站对知识进行整合使用功能的时代。Web*X*.0 将更加智能化，以达到随时随地获取知识信息的程度。

---

① Godin S. Web4 [DB/OL]. http://sethgodin. typepad.com/seths_blog/2007/01/web4.html [2023-07-24].

② Patel K. Incremental journey for World Wide Web: introduced with Web1.0 to recent Web5.0—a survey paper[J]. International Journal of Advanced Research in Computer Science and Software Engineering, 2013, 3（10）: 410-417.

③ 腾讯科技. 可穿戴技术[DB/OL]. https://baike.baidu.com/reference/6163612/e97ak LYgVjVsZ1F0mC4vuHqOH9 wKfhWZq96-Nd2l5zaRXEBNte1ZJVpIXKs9JZ8HgMGq2MWBFzQqgVXw8jT5xoEOHcLn19vv [2023-04-02].

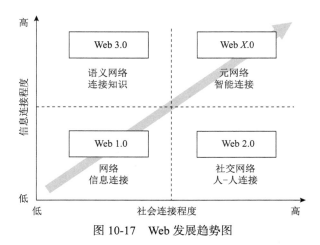

图 10-17　Web 发展趋势图

第十一章 新时代的媒体与教学技术

学习目标

1）阐明技术与媒体的发展趋势。

2）展望未来的学习环境。

本章结构图

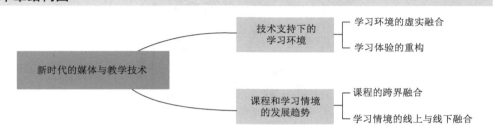

第一节 技术支持下的学习环境

一、学习环境的虚实融合

在以往的教学中，每当有人提起学习环境，想到的第一个问题可能是：学习环境是实体的还是虚拟的？随着科技的快速发展，人们的关注点也在发生改变，当再次有人提到学习环境时，大家可能会更加关注实体环境和虚拟环境的相互融合。前面展示过的案例就体现了这种融合：一位大学教授利用已有的技术将现实中的自己和电影中的自己结合在了一起，形成了一个非常好的人机互动版材料，并且在这个过程中实现了人的积极参与。所以，学习环境的虚实融合其实已经发生了。

我们在第四章中提到的海洋馆展区深度互动体验的案例就是学习环境的虚实融合。在水族馆内，小孩子可以借用扫描仪将自己画的鱼投影到墙上，变成可以游动的鱼。当他们发现自己在现实中所作的画变成了虚拟环境中的一部分时，就会受到鼓励，进而更加积极地参与。

当小孩子利用 VR 技术进行游戏时，很多人的第一反应是这种练习可能会促成孩子的暴力倾向。但是，如果能将这种环境加以改变，虚实环境结合的意义就会变得完全不一样。比如在教室的某些地方或者是在一些学习空间里面设计虚实结合的环境，让学习者尝试自己去创造某件物品或者改变某件事情，或许可以在很大程度上激发学习者的创造力和提高问题解决的能力。

在教育比较发达的地区，学习者有机会在 VR 环境中进行学习（图 11-1）。VR 头显可以给学习者带来一种沉浸感和临场感，让学习者在一个比较真实的环境中进行学习，这对提高学习者的学习效果有很大帮助。

图 11-1　学习者在课堂中使用头显进行学习

2021 年上海世界人工智能大会的开幕式让人大开眼界，因为开幕式上出现了一些人工智能主持人，如泠鸢。智能主持人的背后其实是复杂的人工智能技术，是科学家借助人工智能技术生成的，属于人工智能机器学习的范畴。

经了解，这些智能主持人能够在短时间内完成一首歌曲的创作，尽管在作词作曲方面可能有些奇怪，但是已超越了大部分的人。智能环境将是未来的重要发展趋势。为了促进智能环境的发展，请大家思考三个问题：作为"虚实结合"中"实"的引导，我们能干什么？我们可以做什么？什么事情是我们可以做但是机器做不了的？

其实，机器学习涉及很多的领域，比如语音识别、图像识别、语音合成以及虚拟角色合成等。我们可以根据自己的想法有目的性地进行学习，充分利用现存的技术为虚实环境的融合献出自己的一份力量。

二、学习体验的重构

学习体验的重构是未来学习的一种重要发展趋势。新时代下，技术实现了学习环境的虚实融合，增强了学习者与学习环境的互动，进而提升了学习者的学习体验。然而，当前的体验大多来自视觉和听觉，嗅觉、味觉和触觉等多感官还未被充分挖掘。学习者的前后学习体验是联合在一起的。很多情况下，学习者在学习新的内容之前已经具备了一些相关的知识和经验，在这种条件下，我们可以利用学习者自身的多种感官辅助重构学习体验，以激发学习者内部的学习动机，提高教学效果。

　　视听是当前最主要的学习体验来源，如何融入嗅觉、味觉和触觉等多感官的参与，更加全面、深入地重构学习体验呢？研究者们积极探索如何有效整合这些感官元素，以期在学习者心中激起更强烈的学习兴趣和动机，从而提升学习的效果与深度。如图 11-2 为本团队开展的一个多感官实验，这个实验探究了学习者利用多种感官通道进行学习的效果，类似于学习文本材料时，在眼睛看到文本的同时加以老师语言的辅助，会产生较好的学习效果。除此之外，背景音乐对学习的影响也是十分重要的，比如上课期间教室外面播放比较激昂的音乐会分散学习者的注意力，影响上课，但是，如果这个音乐是比较舒缓柔和的，或许可以促进学习者的学习。

图 11-2　多感官实验

　　为了实现学习体验的重构，未来的学习环境也要进行重构。比如在网页上浏览到某种商品的时候，如果现实中的小装置能够散发出相应的味道刺激嗅觉，这种商品就能在很大程度上增加我们的购物欲望，从而促进消费。借用这种方式可以改变现存的商业模式。因此，要重构这样的体验，需要考虑包括视觉、触觉、听觉、嗅觉和味觉等各个方面的因素。关注学习体验的重构，还要思考一个问题：能不能借用各种媒体材料让学习者通过间接经验的学习来达到直接经验的效果？现在的 5D 电影就是在 3D 立体效果的基础上增加动感座椅、环境特效，让观众在听觉、视觉、触觉三个方面达到最强的临场感。如何利用这些技术重构学习者的学习体验这一问题还有待探索。

第二节　课程和学习情境的发展趋势

一、课程的跨界融合

　　课程的跨界融合是一种趋势，可以肯定的是，未来的课程一定是跨界融合的。

以教育技术学专业的师范学习者为例，今后他们从教的学科不一定是信息技术，有可能会是数学、语文或者其他的学科。他们尽管在专业知识方面有所欠缺，但是可以在教学中充分利用各种媒体技术，比如图片、动画、视频、可操纵对象以及人的积极参与等，给教学带来优势。值得关注的是，每一个学科的教学都可以借助媒体元素进行授课，比如在语文学科教学中，教师可以用甲骨文教学习者读诗，也可以用音频吟诵还原场景，通过情景式教学的方式促进学习者学习。

　　课程的跨界融合也可以借助技术实现，比如教师让学习者求解物体运动的"速度"（图 11-3），需要用到物理知识中的速度公式：速度=距离÷时间。这里的时间可以通过秒表来计时，距离则可以通过机器人的运动得出，而操控机器人（图 11-4）要用到编程（图 11-5）。所以，在这个过程中，学习者就会很好地将信息技术、数学和物理三门学科结合在一起，实现课程的跨界融合。

图 11-3　借用机器人求解平均速度

图 11-4　机器人　　　　　　　　图 11-5　编程软件

　　课程的跨界融合是一个趋势，不单单语文、数学、英语及信息技术等学科可以相互融合，校本课程也可以进行相互融合。比如"理财"这门课程就是数学、政治和信息技术学科的融合（图 11-6），旨在帮助学习者树立健康的财富观和消费观。课程的跨界融合能够在技术的支持下帮助学习者更好地学习，这也是我们一直追求的和向往的。

图 11-6 校本课程"理财"

二、学习情境的线上与线下融合

为了积极响应教育部下发的"停课不停教，停课不停学"号召，新冠疫情期间，线上教学蓬勃发展，这促进了线上、线下教学的相互融合（OMO）。然而，线上、线下教学融合的过程中也出现了一些问题，比如有的老师授课只是课堂搬家，线上教学和线下教学毫无差别，导致学习者学习效率不高，成绩严重下降等问题。经过疫情时期的学习，可以感受到的是线上教学好像并不适合协作，甚至不适合讨论，线上教学只有冷冰冰的文字，且通常不带有情感色彩，容易给双方带来沟通上的歧义和误解，耽误学习进度。线下教学的讲授是带有情感的，教师可以利用肢体语言对自己的文字加以解释，一般情况下不会出现沟通交流方面的问题。

通过分析得知，线上教学十分迫切地需要加入情感，因此在教学中教师可以利用动心设计模型（图 11-7）进行教学设计，这个模型能够帮助学习者缓解线上教学中存在的情绪问题[①]，从而调整学习者心态，使其投入学习，提高其在线学习的学习效果。

---

① 李文昊，祝智庭. 改善情感体验：缓解大规模疫情时期在线学习情绪问题的良方[J]. 中国电化教育，2020，(5)：22-26，79.

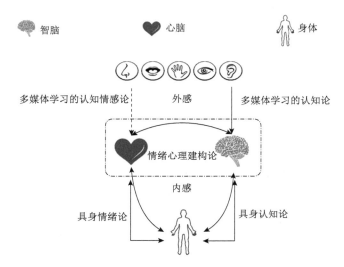

心脑或智脑（本能层次）：虚线框上方两条箭头，涉及到初级情感
心脑+身体或智脑+身体（行为层次）：虚线框下方折线双箭头，如音乐、预期等
心脑+身体+智脑（反思层次）：所有箭头都参与，涉及道德判断和道德推理

图 11-7　动心设计模型

　　因此，在进行线上教学与线下教学相互融合时，需要考虑：什么时候用线上教学，什么内容适合用于线上教学？什么时候用线下教学，什么内容适合用于线下教学？在这里需要明确的一点是，我们需要发挥两者的优势，而不是让这两种方式竞争，决出胜负。

　　为了更好地管理和促进线上学习，近几年学习分析技术迅速发展。学习分析技术是采集与学习活动相关的学习者数据，并运用多种方法和工具全方面解读数据的技术，它能够记录和分析学习环境和学习轨迹，进而发现学习规律，预测学习结果，为学习者提供相应的学习策略，促进有效学习[①]。该技术突破了学科边界，吸收了数据挖掘、图像处理等多学科的相关理论，通过交叉合作的形式解决了教与学中的问题，为教育创新提供了全新的发展视角，值得本领域的学者进一步探究。

　　① 潘青青，杨现民，陈世超. 国际学习分析技术研究进展与趋势分析——基于 2014 年至 2016 年 Journal of Learning Analytics 论文分析[J]. 中国远程教育，2019，（3）：14-22.